日本クリスチャン・アカデミー共同研究

コロナ後の
教会の可能性

危機下で問い直す教会・礼拝・宣教

荒瀬牧彦［編］

［著］
中道基夫
越川弘英
渡邊さゆり
片岡義博
吉岡恵生
仲程愛美
浦上 充
荒瀬牧彦

キリスト新聞社

はじめに

カンバーランド長老キリスト教会田園教会牧師

日本聖書神学校教授

荒瀬牧彦

2019年に発生し、2020年初頭から世界中を襲うことになった新型コロナウイルス感染症（COVID-19）は、人々の生活の大部分に打撃を与えるものとなったが、教会においては、その活動の中心にある「集う」という営みを困難に陥れた。2020年2月以降、時期や対応の方法にはかなりの違いが見られたものの、ほとんどの教会は礼拝・ミサの休止や短縮、人数限定など、何らかの対応を取ることとなった。最初の段階においては、「2、3カ月の辛抱だろう」と楽観的に考える向きも多く、緊急対応はあくまでも一時的なこと思われていた。ところが、その後、この感染症は短期間で収束するものではないとわかってくるにつれ、これまでインターネットによる礼拝配信に否定的であった教会も次々とオンライン礼拝を開始し、同時に、対応をめぐっての疑問が（ネット上で行うことのできた）意見交換の場でシェアされるようになった。我々は今いろいろなものを割愛しているが、一体、自分たちのしてきたことで真に本質的で不可欠なものは何だろう。オンライン配信や録画による、また週報と説教原稿配布による家庭での礼拝は真の礼拝なのだろうか。それとも緊急時限定の疑似礼拝なのか。聖餐はいつまで休止するのか。海外でオンライン聖餐を積極的に行っている様子が目に入るが、

神学者を含めた慎重な検討や教派的な合意なしで実践してよいものなのか。また、「ソーシャル・ディスタンス」が求められる中で、人と人との深い関わりとしての牧会をどう行えるのか。パンデミックによる社会不安や生活困難者の急増といった中で、教会の宣教の使命は何か。事態はどんどん変化し、教会はそれに懸命に対応しようと努力していたが、神学的な思索や議論は伴っていなかった。礼拝、教会形成、伝道のあり方について、本腰を入れた議論が不足しているというのは明らかであった。

　そのような中、2020 年秋に日本クリスチャン・アカデミー関東活動センター運営委員会の席で一人の若い牧師の発した「コロナ禍の中での教会のあり方を、神学的に考えることが今こそ必要だ」という声が、今回の共同研究の発端となった。各教派や教区や教会、諸団体は、それぞれの状況と必要に応じて動いている。しかし「神学的に考える」ことは、それらの実践を踏まえつつ、教派を越え、エキュメニカルな次元で共同的に取り組んでいくことがふさわしい課題である。日本クリスチャン・アカデミーはこのことの意義を認め、一つの共同研究プロジェクトとして組織し、必要な資金も提供することとなった。参加研究員を集めるに際しては、多様な教派からの牧師・司祭を集めるということと共に、ベテランではなく若手中心の構成にしようということが確認された。

　2021 年 4 月 17 日、第 1 回研究会に集った 6 名の研究委員と委員長として関わることになった私の計 7 名の構成は、教派別にみると、日本基督教団が 3 名、カトリック教会、カンバーランド長老キリスト教会、日本聖公会、日本バプテスト同盟から各 1 名である。年代別でいうと、30 ～ 40 代 4 名、50 ～ 60 代 3 名。性別でいうと、男性 5 名、女性 2 名。居住地域別でいうと、関東 5 名、関西 2 名、北陸 1 名。日本の教会の持つ多様性を反映するものとはとても

言えないが、従事しているミニストリーや直面している課題、神学教育の背景などから見れば、ある程度幅のある顔ぶれとなったことを感謝したい。

このメンバーに、日本の実践神学におけるオピニオン・リーダーと言える越川弘英氏と中道基夫氏にアドバイザーとしての参加を依頼し、快諾を得た。また、関東活動センター運営委員として、戒能信生氏と古賀博氏がほとんどの会合に同席し、研究活動をサポートしてくださった。さらに、雑誌 Ministry（キリスト新聞社）とのアンケート調査におけるタイアップの可能性などを考え、キリスト新聞社の松谷信司氏に数度の陪席をお願いした。

全てオンラインで開催された研究会の日時は、第1回2021年4月17月、第2回7月24日、第3回10月23日、第4回2022年1月22日、第5回2月19日、第6回3月12日、第7回7月9日、である。第1回に、各研究委員の関心事に従って研究テーマを振り分け、第2回以降は各研究委員が約50分の発表を行い、それをもとに30分程の討論を行うという形で行った。ご覧の通り、第1回と最終の研究会では1年3カ月の開きがある。その間、コロナ感染の状況や社会の対応の変化に伴って、教会の対応や信徒の意識にもかなりの変化が見られた。本書に掲載する研究報告においては、研究会での発表を行った時点における課題や見解と、それ以降のフェーズを経ていく中で新たに見えてきたものや考えたことの両方が含まれていることをご了解いただきたい。

研究を本書にまとめるに際して、我々の目指したことは大きく言って二つある。一つは、全国の諸教会にパンデミック収束後の教会に向けて、具体的な提言を語るということである。「今までのようにはいかない」現実を見据えつつ、「しかしこういう可能性がある」ということを提示し、希望の光を掲げたい。「共同研究」というと

やや堅苦しく響くが、アカデミックな議論を展開するというより
は、共に教会を造り上げていく信徒、役員、牧師・司祭の方々に何
らかのヒントを提供する読み物となることを願いつつ、それぞれが
執筆した。

　もう一つは、日本キリスト教史における歴史的な記録を残す、と
いう目的である。2021年6月に出版された富坂キリスト教センタ
ー編『100年前のパンデミック　日本のキリスト教はスペイン風邪
とどう向き合ったか』（新教出版社）が示しているように、「スペイ
ン風邪」は当時の日本人の4割以上が感染し、死亡者が35万人に
及ぶという大きな災いであったのにもかかわらず、教会がそれにど
う対処し、どう考え、どう教えたかを書き残しているものは極めて
少ない。なぜだろうか。それは、神学的に考える対象ではなかった
のだろうか。我々は、今回もまた、その時が過ぎればあっという間
に忘れてしまうような、ごく一時の災禍として、これを乗り切って
いくのだろうか。今回、我々が突き付けられているのは、緊急時の
対処の方法だけではないはずだ。礼拝とは何か、なぜ我々は歌うの
か、なぜ我々は食事を共にするのか、なぜ我々は抱擁し手をつなぐ
のか、教会を教会とするものは何か……。きわめて神学的な根本の
問いを我々は突き付けられ、このような事態の中でなければ感じら
れなかったことを感じ、考えられなかったことを考え、語れないこ
とを語っている。そこで紡ぎ出された言葉を、たとえそれが不十分
なものであり、未成熟なものであったとしても、「この時」を刻む
ものとして、後世への記録としたい。

　共同研究の場を設けてくださった日本クリスチャン・アカデミー
関東活動センター、研究成果を一冊の書としてくださったキリスト
新聞社、出版に協力してくださったマイノリティ宣教センターおよ
び東中野教会礼拝研究会の各位に、心からの感謝を申し上げる。

目次

オンラインによって拓かれる礼拝の新しい可能性
～ 礼拝の共同性と同時性について ～

日本基督教団東中野教会牧師

浦上　充

はじめに

新型コロナのパンデミックによって見いだされたオンラインの可能性

　礼拝とは、キリスト者の信仰生活の根幹であり、教会を教会たらしめる欠くことのできない存在であることを私たちは深く理解し、それを大切に守ってきた。しかし、2020年の初春より、感染者数が爆発的に増加した都市部を中心に、多くの教会は会堂の閉館を決定し、礼拝を含むさまざまな集会の開催が自粛された。それは、東京都中野区に立つ東中野教会も同様である。

　私が牧会をしている東中野教会は、国や都からの強い要請を受けて、「社会的な責任を負うこと」や「教会につながる一人ひとりの命を守ること」、そして、牧師が新型コロナの感染者（もしくは濃厚接触者）となることによって、「信徒の臨終に立ち会うことや葬儀の執行が困難にならないように」ということを理由に、会堂の閉館と会衆が礼拝堂に集まって行う「対面礼拝」の自粛を決断した。実際に教会では、新型コロナが猛威を振るった2020年度の1年間に10名の方がさまざまな病で召天され、牧師の司式により、家族葬あるいは直葬にて滞りなく葬儀が行われた。

　このように、教会はパンデミックの中で、礼拝に集まれないという痛みの中を歩んで来たが、一方で、礼拝の動画配信が多くの教会

で行われるようになり、教会のIT化が一気に進められたという評価すべき点もあった。

　本稿では、まだこれから神学的な議論を積み重ねていく必要のある礼拝のオンライン配信の活用について、牧会の現場で気づかされたことを中心に考察したい。

「オンライン礼拝」と「礼拝のオンライン配信」

　礼拝の動画配信について考える際に、まず考えなければならないのが「オンライン礼拝」と「礼拝のオンライン配信」の違いである。これは、礼拝の動画配信を考える上で重要な点でありながらも、言葉の定義がまだ練られていないために、議論が混乱する恐れがある。

　ここでは仮に、対面の会衆は存在せず、オンラインのみの会衆を前提として行う礼拝を「オンライン礼拝」、会衆が説教者と対面で礼拝をしている様子をカメラで撮影し配信するものを「礼拝のオンライン配信」とする。

　前者の「オンライン礼拝」では、会衆が対面では存在していないため、司式者や説教者はカメラ（の向こう側にいるであろう会衆）に向かって語りかける形となり、後者の「礼拝のオンライン配信」は、スポーツ観戦やライブ・コンサートの中継映像と同じように、礼拝堂に集まる会衆を前提とするものであり、オンラインで礼拝動画を見ている会衆は付加的な存在となる。

　また、この二つに加えて、リアルタイムに配信を行う「ライブ配信」と、録画した動画を配信する「オンデマンド配信」に分かれるため、配信の形は次の4種類となる。

　　・「オンライン礼拝（ライブ）」……対面の会衆無し＋ライブ配信
　　・「オンライン礼拝（オンデマンド）」……対面の会衆無し＋録画配信

　　・「礼拝のオンライン配信（ライブ）」

　　　　　　……対面の会衆有り＋ライブ配信

　　・「礼拝のオンライン配信（オンデマンド）」

　　　　　　……対面の会衆有り＋録画配信

　四つ目の「礼拝のオンライン配信（オンデマンド）」は、以前より教会で行われてきたカセットテープなどに録音した説教をダビングして配布する方法の進化版とも考えられる。

　一方で、新しい技術として定着した「ライブ配信」は、数秒のタイムラグはあるものの、インターネット通信を通して、「場所」を越えて「時」を共有することのできるものである。つまり、礼拝に参加する場所は違っていたとしても、このライブ配信の技術を用いれば、礼拝という「同じ時」を共有することが可能となるのである。

　東中野教会の主日礼拝では、上記の「礼拝のオンライン配信（ライブ）」と「礼拝のオンライン配信（オンデマンド）」の二つを重ねて行っている。このように、実際に各教会の礼拝の配信の形は、どれか一つではなく、それぞれが組み合わせられたものとなっていると考えられる。

　それではここから、オンラインを活用した礼拝に対する評価と、そこから見えてきた礼拝の「同時性」と「共同性」について述べていきたい。

Ⅰ.オンラインを活用した礼拝の評価と可能性

①オンラインを活用した礼拝の受容の背景と

　礼拝におけるオンラインの活用は、教派や教会によって差はあるものの、さほど大きな拒絶もなく受け入れられた。この背景には、近年のスマートフォンなどの電子機器の普及（ハード面）と、

YouTube などの動画サイトの普及（ソフト面）があると考えられる。

　2016 年 9 月に株式会社学研が発表した「将来の夢」に対するアンケート（小学生白書　小学生の生活・学習・グローバル意識に関する調査）では、「将来 YouTuber になりたい」と答えた小学生の増加がメディアに取り上げられた。この 2016 年の時点で、動画サイトは、単に「動画を見るためのもの」でなく、「動画を配信するもの」であるという認識が一般化していた。また、このように誰もが配信者となることが一般化したことによって、YouTube などの動画サイトは、コミュニケーションツールの一つとなり、mixi、Twitter、Facebook、LINE、Instagram などと同じ SNS（ソーシャル・ネットワーキング・サービス）であると認識されている。

　このような社会的な背景があったからこそ、程度の差はあるとはいえ、教会の現場でも比較的スムーズに、礼拝のオンライン配信が一般的な出来事として受け入れられたと考えられる。

　しかしここで教会は、予期せぬ事態に直面した。それは、これらの動画サイトは、既に「動画を見るためのもの」でなく、コメントなどを通して視聴者同士がオンラインで交わることのできるコミュニケーションツールとして機能していたという点である。

　つまりこのことによって、礼拝を配信している教会側は「礼拝の動画を配信しているだけ」という感覚しか持っていなかったとしても、その動画を見ている視聴者同士のオンライン上での交わりが生み出され、既存の「教会コミュニティ」とは異なる、新しい「オンライン上での教会コミュニティ」が形づくられることになったのである。この点については、また別の機会に触れたい。

②オンラインを活用した礼拝に対する評価

　次に、オンラインを活用した礼拝の動画配信の利点と問題点につ

いて考察したい。ただし、これらの評価は、先述した四つの配信方法による違いや動画サイト（YouTube、Zoom など）によって大きく異なるため、ここでは個々の組み合わせに対する評価は行わず、これまで伝統的に行ってきた「礼拝堂に集まって守る対面礼拝」と「オンラインを活用した礼拝の動画配信」の二つを比較しながら、オンラインの可能性について考察したい。

時間に縛られないという点

オンラインを活用した礼拝の動画配信では、「ライブ配信」の技術によってリアルタイムで配信される礼拝動画を見ながら礼拝に参加することが可能となった。また、礼拝の配信終了後に、インターネット上に記録されている礼拝動画を見ながら礼拝に参加することも可能である（オンデマンド配信）。

そのため会衆は、この礼拝の動画を通して、一つの同じ礼拝に何度も参加することが可能となる。また、聞き逃した説教を巻き戻して聞くことや礼拝を途中で停止して、自分の思考や体調を整えてから礼拝を再開することも可能である。また、自分の都合に合わせて平日の任意の時間に礼拝に参加することも可能である。

つまり、オンラインを活用した礼拝では、「日曜日の午前中」という特定の時間に縛られることがなくなるのである。この点は、これまで、仕事や介護、育児などによって主日礼拝に参加することが困難であった方々、あるいは身体的、精神的な病のために教会に行くことが困難であった方々にとって、大きな救いとなった。この点から、このオンラインを活用した礼拝は、これまで日曜日の午前中に行われていた主日礼拝に集まることが困難であった人々の障害（バリア）を取り除く、教会のソフト面でのバリアフリー化であるとも考えられる。しかしこのことによって、これまで想定していなか

った多くの課題も浮き彫りとなった。

　礼拝とは、神と人との縦の交わり、そしてそこに集まった会衆同士の横の交わりによって形成されるものである。つまり、礼拝とは単なる儀礼ではなく、そこに集まる人々によってコミュニティが形成されるものである。もしそれがなければ、礼拝は単に「見るもの」になってしまう。これは、オンラインを活用した礼拝でも同様である。礼拝への参加方法は、対面あるいはオンラインであったとしても、自ら礼拝に参与し、その礼拝コミュニティに入って行かなければ、その人は、どれほど熱心に礼拝の動画を見ていたとしても、礼拝の参加者ではなく礼拝の傍観者となる。つまり、その礼拝に参加する会衆の心が、どこにあるのかが論点となるのである。

場所に縛られないという点

　次は、場所に縛られないという点について見ていく。

　オンラインを活用した礼拝では、「教会堂」という建物の枠を超えて礼拝をささげることが可能となるため、場所に縛られないという利点がある。

　東中野教会では、主日礼拝を YouTube で配信しているが、その動画へのアクセスは、教会員だけでなく、海外にお住まいの方や他住会員の方（信徒籍を当教会に置いたまま遠方に移り住んだ信徒）、高齢者施設に入居された方や実際にお会いしたことの無い方々が多い。

　このことによって改めて、「今まで私たちは、日曜日の午前中に行われる主日礼拝に集まることのできる人だけを、教会の中心的な信徒として見ていた」ということに気づかされた。つまり、これまで教会は、目の前にいる人にしか手を差し伸べて来なかったのである。

　このオンラインの技術によって、環境が整えば、どこに住んでい

ても共に礼拝を守ることが可能となり、教会から直接メッセージを送ることが可能となった。これは大きな利点である。

　また、場所に縛られないという点は、礼拝を配信する側である教会も同様に言えることである。コロナ禍を契機にテナント料が高額な都市部を離れ、郊外にオフィスを移転した会社が多くあった。それと同じように、オンラインの礼拝を中心とする教会であれば、教会堂という建物は必要なくなるのである。つまりそれは、その教会が立つ地域が〇県〇市といった「現実の場所」から、オンライン上にある「仮想現実の場所」に移行することを意味する。

　このように聞くと、現実離れしているように思われるかもしれない。しかし、対面での人間関係の構築に挫折する若者が増え、年間2万人を超える人々が自ら命を絶っているという現実があり、この日本では、2018年現在61万人（人口の1.45%）を超える人々が、ひきこもり状態にあると報道されている（内閣府「令和元年版　子供・若者白書」）。これまで教会は、彼らに対してほとんど何もすることができなかった。しかし、オンラインを活用すれば、教会は彼らに直接関わることのできる腕をもつことになる。これは、この混迷する時代にあって、弱くされた者に寄り添う教会の姿として、一つの大きな意味をもつものであると感じている。

　何が正しいというのではなく、私たちは改めて、神によってそれぞれの教会が立たされている「場所」の意味が問われており、教会が与えられている使命とどう向き合うのかが問われていると感じている。

Ⅱ. 礼拝における同時性と共同性

①「時」を管理することによって守られてきた礼拝の同時性と共同性

何を大切にするのかによって変化する礼拝の時間

次に、礼拝における「同時性」について見ていきたい。

キリスト教は古代より、「時」に関する思索を深めることを通して、「時」を支配しておられる神の奥義に近づこうと試み、いつか訪れる終末に思いを馳せてきた。

そして教会や修道院は、鐘を鳴らして時を区切り、人々の信仰生活を整えてきた。つまり、教会は「時」を区切って管理することによって、人々の「同時性」と「共同性」を確保してきたのである。

しかし、14世紀に機械式時計が発明され、町の庁舎に大きな時計が作られたことによって、それまで教会によって管理されてきた「時」は、一般社会のもの（経済、社会、政治）となった。それでも一般社会では、日曜日から始まる7日間のリズムは守られてきたが、これも生活のリズムの変化によって大きな岐路に立たされている。

例えば、アメリカのミネソタ州のルーテル教会やメソジスト教会では、教会の中心的な礼拝を「日曜日の朝」ではなく「水曜日の夜」に移す試みがなされている。この試みは、現代の人々の生活のリズムでは、日曜日の朝の礼拝に集まることが困難であるという現実に対して、教会が積極的に打開策を求めた結果である[1]。

「主日礼拝が日曜日以外に行われるとは何事か！」と思われるか

---

[1] For many overbooked Christian families, Wednesday is the new Sunday
https://www.startribune.com/for-many-overbooked-christian-families-
wednesday-is-the-new-sunday/420431213/

もしれないが、日本の多くのプロテスタント教会では、クリスマスの礼拝が 12 月 25 日ではなく、直前の日曜日に移動して祝われているという現実もある。大切なのは、何を重要であると認めて礼拝の時間を設定するのかという点である。

オンラインを活用した礼拝を通して変化してきた礼拝に対する時間の感覚

また、2 年間にわたって礼拝のオンライン配信を続けてきて、信徒の礼拝に対する時間の感覚が変化したとも感じている。

先述したように、オンラインを活用した礼拝では、ライブ配信であるリアルタイムでの礼拝参加だけでなく、後日、その礼拝動画を再生して礼拝に参加すること（時間の移行）や、礼拝の一時停止も可能である（時間の停止）。また、礼拝を逆再生して見ること（時間の遡行）や説教だけを見るために礼拝の前半部分をとばすこと（時間の跳躍）、同じ礼拝を何度も繰り返し再生して見ること（時間の反復）も可能となるため、一つの礼拝であっても、その「礼拝の時間」の使い方は、無数に存在する。

そこで改めて大切となるのが、その礼拝の動画を見ている人の「私はこの礼拝に参加しているという感覚」である。つまり、同じ礼拝の動画を見ていたとしても「単なる記録映像」として見ていれば、その人はその礼拝に参加していないということになるのである。

「そのような曖昧なもの」と感じられるかもしれないが、この感覚は、私たちが『聖書』を読む時の感覚に近いものである。

私たちは『聖書』のみ言葉を通して、2000 年の時を超えてイエス・キリストの十字架の死と復活、そしてその救いをリアルに受け止めている。しかし、同じように『聖書』を読んでいたとしても、その書物を「歴史の書」、あるいは「フィクション」として読むのであれば、その人にとって『聖書』は、単なる一つの書物にすぎな

い。

　大切なのは、オンラインを通して配信される礼拝の動画を、どのような心で見つめるのかという信仰者の姿である。

②時代と共に変化する「共に」という感覚

　次に、礼拝における「共同性」について見ていきたい。

　近年、「共に」という感覚が、大きく変化してきたと感じている。これは教会だけでなく、社会全体に当てはまるものである。

　先述したように、スマートフォンの普及や情報通信網の発達によって、私たちは常にインターネットにつながっている状態となった。電車で移動する際も、常にオンラインであること（電波が常に通じていること）を意識し、SNSや動画サイトを確認して、常に最新の情報を手に入れ、親しい友人が目の前にいても直接言葉を交わすのではなくLINEなどを使って、そこにいない他の友人たちも交えて、インターネット上でコミュニケーションをとることが普通となった。

　そこで感じているのは、物理的に近くにいるという距離だけが「共にある」ということの条件でなくなったという点である。つまり、実際にその場にいなくても、オンラインでつながりコミュニケーションが取れる状況にあれば、「共に」という感覚を共有することが可能なのである。

　先日、下校中の小学生たちが、「じゃあ、また後でゲームで会おうね」と言葉を交わしながら、それぞれの家に帰って行く姿を目にした。彼らは、それぞれの家にあるゲーム機を使ってオンラインで会い、共にゲームを楽しむのである。つまり、子どもたちの世界では、既にオンラインでの出会いは、リアルなものとして「共に」という感覚を持っているのである。

　またそれは、子どもだけでなく社会全体も同様である。新型コロナをきっかけに在宅勤務を選び、自宅で仕事をする人々も増えた。彼らは、それぞれの場所で働いていながらも、さまざまなツールを用いて離れた同僚と共に働いている。そこにあるのは、働く場所は違っていても、「共に働いている」という感覚である。

　このように変化する社会にあって、教会も同じように「共に」という感覚が変化している。新型コロナのために、教会に集まることができなくなり、オンラインでの礼拝が中心となったが、教会員が共通してもっているのは「離れていても、私たちは共に礼拝を守っている」という感覚である。

　ただしこれは、「共にコロナ禍という痛みを負っている」という、共通の問題を抱えているからこそ、意識されていることであるということも覚えておかなければならない。コロナ禍が終わり、再び教会に集まることが可能となった時には、礼拝堂に集まっている人々が、オンラインでしかつながることのできない人々をどのように受け止めるのかを考えていかなければならない。

　これは、大きな課題であると感じると共に、ここに、これまでの教会では見ることのできなかった「新しい教会の可能性がある」と私は感じている。

提言　これからのオンライン礼拝の可能性

　これからの世界がどのようなものになるのかは分からないが、確かなのは、これからも、キリスト者の信仰生活や教会の姿は、一般社会の影響を大きく受けながら変化していくものであるという点である。

　今後も、新しい技術が開発され、大容量の情報通信網が町全体に

構築されていく中で、日常生活の IoT 化が加速することは容易に想像できる。そのような時代の流れの中にあって、人々の感覚が変わることも当然である。

　例えば、一昔前には、ガリ版刷りの週報が当たり前であったが、あっと言う間にその姿は消え、最近では両面カラー印刷の週報を作っている教会も出てきた。礼拝の動画や配信の質も、今後、より一層高いレベルが求められるようになるであろう。

　「教会にはこのような技術革新は無縁である」と思われる方、あるいは「無関係でいたい」と思われる方もいるかもしれない。しかし、これまでもキリスト教は、そのような新しい技術を用いながら宣教を広げてきたという歴史をもっている。

　例えば、私たちが礼拝で手にしている聖書や賛美歌は、印刷技術によって生み出されたものであり、16 世紀の宗教改革は、この印刷技術の革新が大きな力となった。また、20 世紀にはマイクやスピーカーといった PA 機器の技術開発によって、大規模な礼拝や集会（聖会、講演会）が可能となり、説教のスタイルも力強い演説型から静かに信仰を語るものまで、幅広い表現が可能となったのである。

　現在も、映像技術や仮想空間の開発が進められており、既に現在の技術で、まるで SF 映画のように、遠隔地に住む仲間の姿の立体映像を会衆席の真ん中に、リアルタイムで投影することも可能である。この技術を用いれば、共に礼拝を守る姿を、視覚的にオンラインを通して共有することが可能となる。

　これまでもキリスト教では、現在、当たり前のように受容しているステンドグラスやパイプオルガン、またそれぞれの言語に翻訳された『聖書』を教会に取り入れる際には、その賛否が激しく論じられ、大きく揺れ動きながら教会に定着していったものである。

　大切なのは、そのような新しい技術も、使ってみなければ、その

技術が自分たち信仰生活にとって、あるいは教会というコミュニティの形成の助けとなるものなのかを見極めることができないという点である。

　だからこそ、私は前向きな提言として、礼拝におけるオンラインの大きな可能性を信じて、これからも新しい技術を貪欲に取り入れながら、伝道や牧会、また礼拝に取り組んで行きたいと願っている。

教会の関係施設である児童養護施設 二葉学園のクリスマス（オンライン）礼拝
（2021 年 12 月 18 日　日本基督教団東中野教会）

カメラを説教者の目線の高さに合わせることやライトの適切な運用、オンライン（Zoom）で参加する参加の確認するために足元に大きなディスプレイの設置などの工夫を行った。

オンライン化で問われた
教会の「かたち」を見つめ直して

日本基督教団石橋教会牧師

仲程愛美

I．変化せざるを得なかった教会

　新型コロナウイルス感染症（COVID-19）は私たちにさまざまな変化をもたらした。劇的な生活スタイルの変化に頭や心が追いつかなくとも、世の中の雰囲気はそれを許さず、行動を変えざるを得ない状況下になっていった。そうした波は例外なく教会（教会・伝道所を含む）にも押し寄せてきた。積極的あるいは消去的にせよ、教会は「変化」した。その中で顕著になったのは、インターネットを用いたオンラインによる主日礼拝や祈祷会などの取り組みだったのではないだろうか。

①コロナによって変化した教会活動

　2020年4月7日、政府は7都府県に緊急事態宣言を発出した。それにより教会はある種の選択を迫られた。教会活動、特に礼拝をどのようにするかの選択だった。感染症対策のために教会活動を自粛、制限することは、誰も経験をしたことのない事態であり、前例のない決断に戸惑い、悩み、模索しながら、教会はそれぞれの最善を尽くした。各家庭にて主日礼拝を守るよう促した教会。事前に撮影した映像を用いて各自が礼拝をささげた教会。礼拝を生配信し、それぞれの場で同時に礼拝をささげた教会。人数制限を設け、少人

数で会堂に集まり礼拝をささげる教会。元より教会員数が多くないので、従来通りに活動を続けた教会。そのスタイルは、教会の規模、地域によって異なり、一括りでまとめられるものではない。もちろん、どの判断が正解だという模範解答があるわけでない。各々の教会が感染状況の推移、医療の逼迫状況を鑑み、そして何より教会に連なる一人ひとりを思い浮かべ、祈りをもって選択した決断こそが、教会の「歩み」となっていったのではないだろうか。

　これまで多くの教会は、技術的、物理的な面も含め礼拝配信などのオンライン上での教会活動に慎重であった。それは人々がひと所に集い、思いと心を一つにして礼拝することが、教会の姿であるとの理解を共有しているからだ。私自身もそうした教会理解を持ち、ネット化する社会と一線を引く教会のあり方を大切にしていた部分がある。しかし、感染症対策という外的要因により、結果としてオンラインによる礼拝配信、また教会活動を取り入れることにした。こうした教会は少なくなかっただろう。教会活動のオンライン化が増える一方、私たちはこれまでの教会共同体が当然のように行っていた「交わり」と「出会い」のあり方が改めて問われているように思う。

② 交わりのかたち

　「神さま、今、私は画面に向かってお祈りしています。初めての経験です」

　私の属する日本基督教団石橋教会は 2021 年 6 月より祈祷会をZoom（ビデオ通話）を用いて行うことを試みた。その時、信徒の方がこのように祈り始められたのだった。自宅で一人パソコンの画面に向かい、その画面上に映る人々と共に祈りをささげる。幼い頃より教会生活を営んで来られたこの方にとって、想像もしなかった事

態が起きている。この時、戸惑いを隠さず、素朴に神に呼びかけ祈る姿に、目の前にある現実と向き合おうとされるこの方の信仰を見たような気がした。

　何があっても日曜日に教会に集い礼拝をささげるのだと教え育てられた世代にとって、自ら教会に行かない（行けない）状況となり、戸惑いと不安を伴う選択だったに違いない。十分に準備を重ねる期間もなしに、礼拝の方法が変わるという出来事は、個人の信仰を揺るがす事態でもあった。ライフスタイルの変化と巷では騒がれたが、キリスト者にとってのそれは、教会に集い交わる教会生活の中断であった。

　この中断を回避すべく、教会は模索し持てる技術を駆使し、オンライン上での教会活動が行われてきた。その働きは主日礼拝に限らず、聖書研究会、祈祷会、子どもたちへのプログラムと、従来の教会活動を何とか維持しようとするものでもあった。見えるかたちとしての教会共同体の交わりを、印刷物、映像や音声といった媒体を通して継続していった。物理的に同じ空間に集い、顔と顔を合わせることが不可能でも、同じ教会共同体として思いと祈りをもって過ごす時、そこに交わりが生まれる。祈り合い、覚え合うことが、信仰の歩みにどれ程重要であることかを、集えないからこそ実感した。そして同時に、霊的な交わりはさまざまな媒体を通しても行うことができるという体験がそこにあった。

　教会共同体としてこのような体験を重ねることができたのは、交わりの新しいかたちの発見でもあったのではないだろうか。これはある面で、高齢化に伴い、教会に通えなくなる時が来るという個人的な課題が、教会の課題として担われたことを意味している。将来誰もが抱えるであろう事柄、「思いがあっても教会に集えない」という課題を、私たちは少しだけ共有できたのかもしれない。この体

験は、これからの教会活動に大きなヒントになったのではないだろうか。

③出会いのかたち

　一般的に教会は「敷居が高い」と表現され、足を踏み入れ難いところだと認識されている。そもそも教会が何をしているのか、いつ活動しているのか。教会の外から見る景色は私たちが感じている以上に隔たりがある。教会という建物の中に入っていくには、なかなか勇気のいる行動のようだ。

　しかし、オンライン上ではそのハードルが一気に下げられた。表現は荒いが、クリック一つで教会の中が覗けるのだ。実際、礼拝の配信を行った教会の中で、教会のメンバーではない人々や、ノンクリスチャンが礼拝を視聴しているという現象を耳にした。石橋教会においても、オンラインの礼拝に参加した方が、想いを持って献金を郵送してくださったことがあった。

　これらは開かれた空間として、教会が社会との距離を縮めた事柄として見ることができる。だが一方で、建物としての教会、もしくは教会に集まる人々の中に足を踏み込まずともよい安心感（現実に関わらなくてもよい気軽さ）が、教会との隔たりをなくした面があるのかもしれない。

　教会と出会う方法は、ミッションスクールやキリスト教主義学校に通う生徒たちにも影響を及ぼしている。感染防止の観点から、学校から教会の礼拝への出席を促すことは困難な状況にあった。私が非常勤講師として関わった学校でも、教会出席の方法をオンライン上でも認める方法をコロナ禍で打ち出した。これにより、直接教会に赴かずとも、教会と出会う機会を設けることができた。生徒は好きな時間に、好きな格好で、好きなところで礼拝を「視聴」している。

教会のオンライン化は、教会と個人の距離を縮めた側面がある。気軽に、手軽に教会を知り、教会と出会う。ネット世代が興味あるコンテンツを探し視聴するように、その延長上に「教会」が現れたことを意味するのかもしれない。果たしてそれが教会の敷居を低くしたのか、はまだ分からない。だがこれまでとは違う、教会の姿が映し出され始めたのは確かだろう。

Ⅱ.教会の「これから」を問う

ここまでコロナ禍で教会が経験した変化を「交わり」と「出会い」の側面から述べてきた。変化に順応し、歩みを続けてきている教会だが、果たしてこのままでよいのかという疑問が湧いてくる。気づけば私たちはオンラインという新しい手段を手に入れ、現時点では、感染症の大流行にも対処できる術を身につけたような錯覚さえ覚えてはいないだろうか。COVID-19 の世界的大流行という事態に見舞われ、変化を経験した今だからこそ、気づく、見つめ直すことができないか。一教会の牧師の立場から、何が正しいのか迷いつつも、変わり始めているこれからの教会のかたちを考えていきたい。

①「交わり」を求め続ける

初代教会は、人々が一つの家に集まり、心を一つにして祈り、一緒に食事をとりながらその信仰を育んだ。教会の原点は「共にいる」ことから始まっている。共に祈り、共に賛美し、共に聖書を読み、共に食卓を囲む。ところが私たちが経験した変化は、「共に」が憚られ「集う」ことを控えなければならない現実であった。

だが「共に」「集う」ことを中断したことにより教会活動は削ぎ

落とされ、神を礼拝するというその核心が露わになった。どこにいようと、一人であろうと、神を礼拝することはできる。神への賛美と祈りをささげる共同体が教会なのだということを想起し、教会に連なる一人ひとりが、礼拝する者としての能動的な、積極的な姿勢を問われたように思う。

　教会活動のオンライン化はそうした礼拝する者、信仰者としての姿勢を支える手段になり得たのか。もう一歩踏み込んで問うならば、教会が「交わり」の手段を方向づけてしまわなかったか。オンラインの便利さ、手軽さは重々承知だが、それは教会活動をどれだけ豊かにするのか。結論を出すには時期尚早だが、今後オンライン化によるデメリットも視野に入れておくべきだろう。その上で、オンラインでの教会活動と向かい合っていきたい。

　教会は「共に」「集う」共同体として歴史を歩んできた。要因は異なれど、教会はこれまでに幾度となく「集えない」経験をしてきた。災害、戦争といった「時」をまたいできた教会は、「集う」ことをやめなかった。顔と顔を合わせ、共に祈り、賛美し、食卓を囲む「交わり」を求め続けて人々がそこにいたからだ。教会は、こうした人と人とが集う「交わり」を守り続けてきたのだ。

　そうした過去の、人々が集う「交わり」と、現在のオンライン化による人々が集わずとも「交わり」が可能になった現状は、本来ならば相容れないはずだ。しかし、現実は並行して両方の「交わり」が続けられている。教会の「交わり」が双方向に視野を向けつつ、求める人々の思いをかたちにして「交わり」を続けていくことは可能なのではないだろうか。

②教会が福音を届けていくために

　扉が開かれ、誰もがいつでも教会に触れることを可能したオンラ

インは、教会にとって大きな前進だったと言える。教会や礼拝への
ハードルが下がり、気軽に礼拝に参加できる方法が確立されつつあ
る。しかし、ここで注視しておきたいのは、こちら（教会側）の意
図する教会と、受け手（視聴側）が画面越しに出会う教会が、必ず
しも一致しないという点だ。教会は福音を届けたい、しかし受け手
はただ癒しの空間を求めているだけ。そのようなケースが想定でき
る。つまり、たまたま受け手は教会に出会っただけであって、教会
を求めていたわけではないということだ。

　もちろん、教会に対する思いや、求める事柄に違いはあるだろ
う。従来は初めて教会に訪れる人々と、対面して出会うことによ
り、相手の表情や雰囲気から教会への期待を少なからず察知するこ
とができた。完璧ではないにせよ、教会がこれまで培ってきたコミ
ュニケーションは、教会に訪れてきた人を対象に、教会共同体へど
のように迎え入れるかということだった。だが、オンライン上で起
きていることは、教会の目の前を通りすぎる人を、いきなり礼拝の
席に座らせている状態もあり得るのだ。

　前述で触れたように、オンライン化により簡易的、利便的に教会
と出会えることは、新たな宣教のステージが広がったことを意味す
る。教会に来なくとも、教会を知り、福音に触れ、イエスと出会う
ことが可能になった。だが私たちはこれまでにそうした局面を知ら
ない。文字通り、教会として前例のない宣教の場面に差し当たって
いるのだ。このことをきちんと自覚しておきたい。誰もが好きな教
会の礼拝、好きな牧師のメッセージを取捨選択できる。検索エンジ
ンにかけ、好みのものをショッピングするかのように、教会を選ぶ
ことが可能になったのだ。教会が一種の「コンテンツ」になる。そ
のような岐路に立たされているという危機感を拭えない。

　教会はこれまで、建物としての教会に来てもらい、教会に集う

人々と、教会の中で出会い、関係性を築くことを宣教の業の一つとしてきた。それがオンライン化によってかたちが変わりつつあることに、私たちがどれだけ思いを巡らせ、捉えていけるか。この課題は現代社会からの教会に対する大きな挑戦なのだ。

　教会はかたちあるもの、つまり、建物と共同体を有する「場」として存在している。私たちはこれまでこの「場」に安住していなかっただろうか。教会が存在さえしていれば、福音は届けられる。これはある意味では正しい。これまで多くの信仰者たちが守り続けてきた教会のかたちでもあり、私たちが受け継いでいく教会でもある。存在し続けること、ここに教会があることが、教会と出会う機会を与え続けてきた。

　そう自負する一方で、存在する教会は、福音を届ける教会であったかを自問する。人々に対して、社会に対して、教会はどれだけ働きかけてこられたのか。昨今の教会員の減少、若い世代が教会に訪れないといった事柄は、突き詰めていけばこれまでの教会の歩みがもたらした結果でもある。こうした教会のあり方が真剣に問われている。オンラインという新たな方法を手に入れ、社会との接点が身近になったことで、直ちにこれまでの問題が解決できる訳ではない。教会と出会う、福音を届ける働きかけは一人ひとりに問われていることを心に留めていきたい。

提言　〜これからの教会〜

　今、教会は変化の途上にある。この変化と向き合い、私たちは未来の教会を見据えているのだろうか。目の前の変化にばかり気を取られていないか。

　突然の教会活動の中断により、より一層これまでの教会の歩みの

恵みを感じ、教会活動の再開を切望する思いは十分に承知している。だが、社会そのものが変わりつつある中、教会だけがコロナ以前に戻ることは不可能なのではないか。その問いかけは一層強くなる。

　私たちは事の重大さを受けとめ、共有しなければならない。信徒も牧者も共にこの課題に取り組むことで、各教会がこれからの教会をかたちづくっていく。私たちは「教会」を考える機会を与えられたのだ。伝統や習慣に囚われ、立ち止まっていた心と身体をいよいよ動かすチャンスがやってきた。教会との「出会い」や「交わり」はこれまでの枠を超えた。急激に変化した社会、世の中に対して教会が文字通り、敷居を超えて飛び出していける、多くの可能性を秘めている。その可能性をかたちにしていくのは、教会に集う一人ひとりに託されている。

　これからの教会のかたちは決して一つではないはずだ。なぜなら教会のかたちはそこに集う人々がつくりあげていくからだ。世界が変わりゆく時、教会は問われるのだろう。教会のかたちはどのようなものかと。その問いに応えるべく、各々の教会の歩みが、今、動き出していることに目を留めたい。変化の途上を前向きに捉えつつ、福音はいかなる時代も届けられてきた事実に勇気をもらい、これからの教会を「私」たちがかたちづくっていければと願う。

主日礼拝ライブ配信の様子。
2020 年 4 月の緊急事態宣言下

現在は礼拝堂後方の音響室に機材を設置

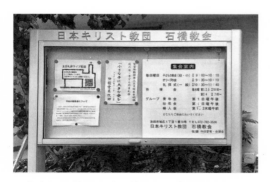

教会前の看板には主日礼拝ライブ配信のための
QR コードを掲示

今こそ新たな礼拝論の構築を
～礼拝のオンライン配信に関する神学的意味づけ～

日本基督教団高槻日吉台教会牧師

吉岡恵生

はじめに

　新型コロナウイルスの感染対策のために、教会も人が集まることを制限せざるを得なくなった。集まることを基本としてきた教会にとってそれは、それまでの働きや活動の根幹を揺るがされる危機となった。

　この危機と向き合うための一つの手段として、多くの教会が、熟考する間もなく緊急措置的に、インターネットを用いた宣教を開始した。特に礼拝のオンライン配信については、身体性を伴うことを必要条件としてきた聖礼典をどのように考えるのかという重要な課題が示される中、議論や学びが十分深まる前に、動き出さざるを得ない「現場」の苦悩が散見された。ある教団はいち早く、「オンラインによる聖餐式を行わないように」と指示を出した。一方、各個教会の理解や判断に基づいて、オンラインによる聖餐式を行う教会もあった。どこまでが「真実の礼拝」として許容されるのかという神学的議論は、まだ全くと言っていいほど深まっていない。

　こうしたある種の混乱は、これまで教会が、インターネットを用いた宣教や礼拝のオンライン配信について、深い議論をして来なかった現実を表していると言えるだろう。そしてまた、インターネットを用いた宣教や礼拝のオンライン配信開始を最も喜び、歓迎した

のはどのような人々なのかを考えると、教会がいかに、心砕いて寄り添うべき人々を、礼拝の外に置き去りにしてきたのかという問題にも直面する。

　本稿では、私が属している日本基督教団高槻日吉台教会での経験を踏まえて、私たちが礼拝の外に置き去りにしてきてしまった人々に目を向け、教会が陥ってきたその問題性を明らかにするとともに、従来から不変のものとされてきた、身体性を要求する礼拝や聖礼典のあり方に、新たな理解をもたらす可能性を模索したいと思う。

Ⅰ. 現場からの報告——高槻日吉台教会の事例

①礼拝のオンライン配信について

　2020 年 4 月 1 日に高槻日吉台教会に着任した私は、直ちに「コロナ対策委員会（役員会に数名の教会員を加えた委員会）」を立ち上げ、礼拝における感染対策について協議を始めた。高槻日吉台教会は 70 人収容の礼拝堂に毎週 60 人ほどの会衆が集う教会である。ソーシャルディスタンスを取るために、礼拝堂に集う人数を制限しなければならいことは誰の目にも明らかであった。そのため直ちに礼拝のオンライン配信を始め、礼拝堂に集う人と、各家庭からオンライン配信を通して礼拝をささげる人に分散させることが決められた。

　ちなみに高槻日吉台教会では、オンライン配信を通して礼拝をささげている人々も「礼拝出席者」と考え、翌週の週報に記載する集会統計などには、「教会○人、ライブ○人[1]、計○人」と記載するよ

---

1)　YouTube では基本的に（チャット欄でコメントなどをしない限り）誰がオンラインを通して礼拝に出席しているかを知ることはできないが、リアルタイムの同時接続数を知ることができる。

うにしている。また、配信した礼拝は、日曜日に仕事などによって礼拝に集えない人々がいることを考慮し、しばらくアーカイブとして残すようにしている。

②オンライン聖餐式について

高槻日吉台教会では、パッケージ化された物素を購入し、聖餐式を予定している前の週から希望者に配布するようにしている[2]。また、教会で配布する物素に限らず、各家庭で用意されたものでも構わないとも伝えている。当日の聖餐式では、日本基督教団の式文をベースにしながら「今、この礼拝堂で備えられたパンと杯と共に、各家庭で備えられているパンと杯をも、主が聖別してくださいます。私たちはそのことを信じ、願いつつ、今聖餐式を執り行います。場所も時も超えていかれる主が、今この聖餐式に共にいてくださることを覚えましょう。……」といった言葉を語り、オンラインを含めた聖餐式についての信仰理解を宣言するようにしている。この形の聖餐式を始めるまでに、役員会で数回、議論と学びの時を持ち、教会員にも事前に説明する機会を設けた。

③オンライン洗礼式について

高槻日吉台教会において、オンラインによる洗礼式を執行したことはまだない。しかし、もし寝たきりの人や、どうしても礼拝堂に集うことができない人が洗礼を志願した場合、主日礼拝の日に牧師が数名の役員と共に病床や自宅を訪問し、そこから礼拝を司式し、洗礼式を執り行い、それをオンライン配信することで、他の会衆は教会や各家庭からその礼拝を共にするということも可能なのではないかと話し合っている。従来の病床洗礼と形式的には似ているが、

---

2) 聖餐式は年4回（クリスマス、イースター、ペンテコステ、世界聖餐日）。

それを主日礼拝の時間にオンライン配信として分かち合うことで、より多くの人たちと共に洗礼式を祝うことができるのではないかと考えている。オンライン配信の発信元は、必ずしも礼拝堂でなくてよいのだ。ポケット Wi-Fi なども用いれば、比較的柔軟に発信元を移動させることができる。

Ⅱ．コロナ後もオンライン礼拝を継続するか

　高槻日吉台教会ではコロナ後を見据えて、教会員を対象に宣教に関するアンケート調査を行った。その中にある、「コロナ後もオンライン礼拝を継続すべきか」という問いには、数名の「分からない」という回答を除いて、大多数が「継続すべき」と回答した。「継続すべき」と回答した人々の理由には、「必要としている人がいることを知ったから」とか、「教会に来たことがない人々への宣教になるから」といった理由が挙げられていた。ここで特に注目をしたいのは、「必要としている人がいることを知ったから」という理由である。一体、どのような人がコロナ後もオンライン礼拝を必要とするのだろうか。

①病床にある人、寝たきりの人

　高槻日吉台教会には、長年寝たきりのまま自宅で生活をしている教会員 A さんがいる。A さんは、2020 年 4 月から突如始められた礼拝のオンライン配信を通して礼拝に出席し、こう言った。「こんな日が来るなんて夢のようです。二度と地上の礼拝には与れないと思っていたので。先生、コロナが収束しても続けてください。どうか、お願いします」。これまでも教会では、信徒と牧師が代わる代わる A さんを訪問し、共に賛美をしたり、祈ったり、自宅で家庭集会

を行うこともしてきた。週報や説教原稿を届け、礼拝へのつながりをなんとか作り出そうともしてきた。しかし、Aさんにとって、それらは決して礼拝者としての喜びを補うものにはなり得なかったのだということを私たちは知った。

②日曜日に仕事をしている人

　教会員Bさんは、毎週日曜日が勤務日である。かつては毎週のように礼拝に来ていたが、転職してから全く礼拝に来ることができなくなり、罪悪感を感じていたと言う。そんな中、礼拝のオンライン配信が始まり、Bさんは日曜日の夜か、月曜日になってから、アーカイブで礼拝を「視聴」するようになった。リアルタイムではないが、これまで決して味わえなかった礼拝者としての喜びを得ることができていると言う。

　他にもいろいろなケースを挙げることができるだろう。決まった時間に決まった場所に集まるということが困難な人々がいるのである。そうした人々は、パンデミックとは無関係に以前から存在していた。この現実を直視するならば、もはや礼拝のオンライン配信を軽んじることはできないだろう。もし今私たちが、礼拝のオンライン配信を通して、礼拝者としての喜びを取り戻すことができた人々のその喜びに応え得ない神学しか持ち合わせていないとするならば、新たな神学を生み出してでも、この喜びに応えていく必要があるのではないか。

Ⅲ. 身体性を伴わない（時空を超える）礼拝や聖礼典は「真実の礼拝」となり得るか

　ここまでは、オンライン礼拝や聖餐式の「現場からの報告」とし

て、高槻日吉台教会の状況を報告してきた。新たな取り組みに見切り発車的な部分もあったことは事実だが、それから約2年が経過し、事後検証も含めて、教会内での学びや議論、祈りを重ね、緊急的に始まった新たな取り組みを、継続的なものとしていくための道筋を整えてきた。ここからは、そうした取り組みも踏まえて、高槻日吉台教会の「現場からの報告」を礼拝学的観点から検証していきたいと思う。

①礼拝のオンライン配信について

「集う」ことへの新たな感覚

「礼拝がキリスト教共同体を形成する中心である理由の一つは、礼拝の中で共同体の全員が出会い、その関心が一つに結びつくからである」[3] と W・ウィリモンが語っているように、礼拝が個人的な営みではなく共同体の営みとしてささげられることは、礼拝を「真実の礼拝」とするための大切な要素である。言い換えれば、「共に集う」ことこそが礼拝の必要条件であるのだ。この定義に異論はない。しかし、この必要条件を土台として、「だから礼拝のオンライン配信は真実の礼拝とは言えないのだ」とする言説は、古びた感覚に基づく言説だと言わなければならない。

パンデミックの影響により、社会全体が非対面型のコミュニケーションを主流とするようになっている現在、オンラインミーティングやオンライン集会という空間は、「行く」、「参加する」、「集まる」、「出会う」という言葉で表現される空間になりつつある。

もちろん、「私はそう思えない」という人もいるだろう。しかしそれは、教会に足を運ぶ人々も同様ではないか。教会に行ったとし

---

3) ウィリアム・ウィリモン著、越川弘英訳『牧会としての礼拝』、新教出版社、2002年、18頁。

ても、誰にも声をかけられず、気にも留められず、「共に集う」とは言い難い体験をする人もいるのである。ただ行けばいいというのではないのと同じように、大切なことは、そこでどう過ごすかということであるのだ。オンライン配信を通して礼拝に出席する人々も、そこでどう過ごせたかが何より大切になるのである。ただ画面を眺めているという人もいれば、礼拝堂に集う人や、自分と同じようにオンライン配信を通して家から礼拝をささげる人に思いを寄せ、「共に集う」ことを実感できる人もいるだろう。礼拝者一人ひとりの礼拝姿勢はもちろんのこと、ここでは、礼拝がどのように配信されているかという配信環境や「配信の質」[4] も重要になってくるのである。

礼拝における共同性を確保するために

今橋朗は、「私たちの礼拝は、心の中でひとりで瞑想したり祈ったりするのではなく、『神の民』共同体としての『共同の行為』（レイトゥルギア）なのですから、メンバーのひとりひとりがバラバラな仕方で、つまり自分勝手に自己満足的な方法や形式で礼拝を守ることは出来ないのです」[5] と語り、礼拝において会衆が形式的に集うだけでなく、そこで共に行動することの重要性について触れている。

共に行動するためには、互いに「声をかけ合うこと」、「聞き合うこと」、「見つめ合うこと」、「感じ合うこと」などが大切になってくるだろう。この点については言えば、YouTube や Facebook のよう

---

4) 「配信の質」とは、映像や音声の質というだけでなく、オンライン配信が、配信を通して礼拝をささげている人々への配慮や関心を伴うものとなっているかという視点も含む。
5) 今橋朗『礼拝を豊かに』日本基督教団出版局、1995 年、37 頁。

な一方向性の配信サービスには課題がある[6]。Zoom のような相互性のあるサービスを用いれば、自宅から礼拝をささげている人が司会をしたり、聖書朗読を担ったりすることも可能となるし、互いにその姿や声を確認しながら共に行動する礼拝をささげることが可能となる。

　一方、YouTube や Facebook のような一方向性の配信サービスを用いたとしても、教会に集う人と自宅から礼拝に出席する人が互いに共同性を深められる可能性はある。それは、目に見える肉的な交わりではなく、目に見えない霊的な交わりをより求めていく時に起こる。

　礼拝のオンライン配信を考える時、私はイエスがサマリアの女に語りかけた言葉を想い起こす。イエスはサマリアの女に「婦人よ、わたしを信じなさい。あなたがたが、この山でもエルサレムでもない所で、父を礼拝する時が来る。（中略）しかし、まことの礼拝をする者たちが、霊と真理をもって父を礼拝する時が来る。今がその時である」（ヨハネ 4:21-23）と語っている。ここでイエスは、「山」や「エルサレム」に象徴されるような特定の場所が大切なのではなく、何よりも霊と真理をもって神を礼拝することこそが大切であり、その礼拝こそが「まことの礼拝」なのだと語っているのである。言い換えれば、霊である神を礼拝する者は、目に見える肉的なものにとらられず、目に見えない霊的なものによって結ばれ、たとえ特定の場所に集まれなくても、互いに見えなくても、共に神の前に招かれ、集められているということを厳然たる事実として受け止めていく感受性が、「まことの礼拝をする者たち」には求められるのだということだろう。

6)　YouTube や Facebook を用いた配信でも、チャットやコメント欄を通して交わりを持つことは可能であるが、相手の顔を見ることはできない。

YouTube や Facebook を用いた礼拝のオンライン配信において、目に見える共同性や相互性を確保していくことは困難である。しかし、だからこそ、目に見えない霊的なつながりを求め、「この礼拝」を共にしている人々がいることに心を砕き、互いに関心を寄せ、配慮をし、見えない事実を確認し合うということを「共同の行為」としていく信仰が重要になるのである。

礼拝における応答性を確保するために

礼拝では神の恵みに対する会衆の応答として祈りや賛美がささげられるが、献金も最も分かりやすい応答の手段の一つである。オンラインで礼拝に出席する人々が、オンラインで献金をすることができたら、教会に集う人たちとの同時性も確保しながら、神に応答する手段を備えることが可能になるだろう。高槻日吉台教会では「オンライン献金.com」[7] というサービスを使用している。

②オンライン聖餐について

聖餐式はそもそも時空を超えた神の御業

場所を超え、目に見えるものではなく、目に見えないものを追い求めながら礼拝をささげていくこと。この挑戦は、聖餐式にもそのまま当てはまる挑戦となるだろう。

聖餐式は、イエス自身のパン裂きに由来し、「取って食べなさい」（マタイ 26:26）「わたしの記念としてこのように行いなさい」（ルカ 22:19）というイエスの勧告を土台としている。代々の教会は、イエスがなされたこの食事を真似事として行うのではなく、まさにイエスが時を超え、場所を超えて、今日もこの礼拝の中で、人々を招き、人々に呼びかけておられることを覚えて聖餐式を守ってきたのであ

7) オンライン献金サイト → https://cl-kenkin.com/takatsukihiyoshidai-church/

る。聖餐式で行われていることは、「イエスを飲み食いするもの」なのか、「イエスと共に飲み食いするもの」なのかという議論[8]や、聖餐式の意味は五つだとか七つだとか[9]さまざまな定義が今日まで示されてきたが、いずれにしても認められることは、イエスがその場に共にいるということである。

イエスが共にいる聖餐式が、既に時空を超えた儀式であるということは説明するまでもないだろう。「主の食卓」は神の御業であり、人間の常識を超えて既に2000年以上もの間、時も場所も超えてイエスが主催する食事として分かち合われてきたのである。その理解は、オンライン聖餐式にも適用することができるのではないか。

プロテスタント教会の聖餐式──想起することを助ける象徴としての物素

それでも、目に見えるものや、伝統的な形式に囚われた人々は、「オンライン聖餐式は認めない」と言うだろう。「一つのテーブル、一つのパンから裂くことが大事なのだ」と言ったりするだろう。しかし、そのようなことを言う人たちさえ、既に一つのパンからではない、いくつもの食パンからあらかじめサイコロ状に切られたパンを用いたり、オルガニストや特定の奉仕者には一つのテーブルからではなく、事前に奉仕者席の近くに取り分けて物素を置いたりもするのである。一つの杯ではなく、たくさんのお猪口のような小さなカップを並べたあの形式もそうだ。形式にこだわるのであれば、今日の「正しい聖餐」と呼ばれている形式が、2000年前の形式から

8)　岸本羊一『礼拝の神学』日本基督教団出版局、2004年、83頁。
9)　J・ホワイトは「感謝」、「交わり／親交」、「想起」、「犠牲」、「臨在」の五つを聖餐の主要な主題として挙げ、さらに副次的な主題として「聖霊のわざ」と「終末的次元」という主題を加えている。ホートン・デーヴィスは「想起のわざ（記念）」、「感謝」、「犠牲奉献」、「終末の祝宴」、「交わり（一致）」、「秘義（秘儀・奥義）」、「解放と社会正義」という七つの主題を掲げている。（越川弘英編著『礼拝改革試論』キリスト新聞社、2019年、56頁）。

いかに崩れたものになっているのかを直視することから始めるべきだろう。

　そもそも、プロテスタント教会の聖餐理解では、物素はキリストの体と血を象徴するものである。それは、J・ホワイトやホートン・デーヴィスが定義している五つ、あるいは七つの主題の体験を助ける役割を担っている。

　私が特に大切だと思うのは、「想起（アナムネーシス）」である。「想起」することなしに、これらの主題を体験することはできないだろう。聖餐式の土台として「想起」することがあってこそ、そこで主の臨在やキリストの生涯、主が呼び集めた共同体の交わりや、終末の待望などに信仰を向けていくことができるのである。

　しかし、「想起」する対象は神の御業やイエスの生涯だけではない。パウロがⅠコリント 11 章で命じているように、聖餐式では共に集まる共同体の一人ひとりのことも「想起」することが求められるのである。オンライン聖餐式では一層この共同体への「想起」が求められることになるだろう。先に述べた、礼拝のオンライン配信を「真実の礼拝」とするための挑戦と同じく、オンライン聖餐を「真実の聖餐」とするためには、目に見えない共同体の一人ひとりを共に集められた者として「想起」していくことが求められるのである。

提言　まだまだ宝は眠っている

　インターネットという技術は 1980 年代からあったのに、なぜ多くの教会はパンデミック以降にようやくその技術に手を伸ばしたのだろうか。おそらく多くの教会で起きたことは、それまで身体的にも時間的にも教会に集うことができた人々が、その「集うことがで

きた自分たち」のためにオンライン礼拝を始めたということではなかったか。結果として、「集うことができなかったあの人たち」にも礼拝を分かち合うことができるようになったのだが、そうした人々を「想起」することがあまりにも乏しかった事実から、私たちは目を背けてはならないだろう。願っても集えない人々の痛みと渇きに応え得る礼拝論の構築が必要である。インターネットなどの技術も用いながら、さらにそこに、神学的意味づけをしていく中で、私たちは新たな教会の時代を切り拓いていくことができるのではないか。

　繰り返すが、インターネットという技術は以前からあったのだ。それでもほとんどの教会が、その技術を放置し、使おうともしてこなかった。同じようなことは、まだまだ他にもあるかもしれない。パンデミック以前から、教会は世界的にも衰退の一途をたどっていると言われていた。そこにパンデミックが押し寄せ、状況は一層厳しさを増しているとも言われている。

　しかし、私たちにはなお希望がある。パンデミックという危機をきっかけとして、教会が以前から存在していた技術にようやく手を伸ばし、新たな礼拝のあり方を模索しつつ、それまで目を向けてこなかった人々に目を向け始めたように、この厳しい状況に変化をもたらすきっかけは、意外と近くに、もう既に存在しているのかもしれない。まだまだ宝は眠っている。まだまだできること、やるべきことがあるはずだ。その眠る宝とはもしかすると、私たち自身なのかもしれない。主から宣教の働きを託された私たちは皆、神にとっての宝であろう。神は、私たちが目覚め、悔い改めて、新たな教会の時代を切り拓いていくことを期待しておられるはずである。

オンラインでの信仰教育の可能性
～オンライン教会学校の配信を通して～

カトリック名古屋教区司祭

石川地区共同宣教司牧担当

片岡義博

はじめに

　私は、2016年から5年間、北陸・富山県内にある四つの教会の共同宣教司牧[1]に、複数の司祭とともに携わってきた。それと合わせて、現在も北陸3県（福井・石川・富山）をはじめ、名古屋教区[2]の青少年司牧担当も務めている。

　2020年3月、新型コロナウイルスの流行に伴って、名古屋教区の方針により感染拡大防止のため、教会に集まっての典礼・集会などが一斉に中止となり、その状態は同年5月末まで、およそ3カ月に及んだ。その期間中、信徒の方々が少しでも主との一致を体験し、

---

1)　共同宣教司牧……地域によって若干の意味合いは変わるが、カトリック教会では、これまでのような一つの教会に、主任司祭や助任司祭という関係ではなく、複数の司祭が対等なパートナーとして、エリアのすべての教会（小教区）を、共同（協働）で企画、実行、識別しながら宣教司牧にあたっている。

2)　名古屋教区……愛知県・岐阜県・福井県・石川県・富山県の5県のエリア。

霊的に聖体を拝領する[3] 助けになればと、富山地区の共同司牧司祭と協力し、動画配信サイト YouTube を通して、主日ミサの動画配信を毎週実施した。

　このミサ動画は、富山地区の枠を超えて視聴され、その中で関東在住の家庭をもつ友人から、「聖歌をお家で元気に歌えるような『子どもたちのためのミサ』を配信してほしい」という依頼を受けたことから、子どもを対象とした動画の作成に着手することとなった。

　具体的な内容については後述するが、この動画配信を通して、ソーシャルメディアが、アフターコロナの教会共同体を支える大切なアイテムにもなり得ると感じ、それ以後もさまざまな活用の可能性を探ってきた。その一つが、今回取り上げるソーシャルメディアを教材とした、信徒の（特に子どもたちの）信仰教育（養成）である。

　私自身、2021 年 4 月に石川地区の八つの小教区の共同宣教司牧担当への命を受け赴任することになるが、前任の富山地区と同様に、石川地区でも教会学校や信仰教育に関わる人材（カテキスタ・リーダー）の確保に大きな課題を抱えている。

3）　霊的聖体拝領について……聖ヨハネ・パウロ二世は、回勅『教会にいのちを与える聖体』の中でこう述べている。「キリストの現存は、キリストのいけにえによる感謝の祭儀から生じ、拝領されることを目指しますが、それには秘跡による場合と、霊的な仕方による場合の両方があります」（ヨハネ・パウロ二世回勅『教会にいのちを与える聖体』）これがカトリック教会が伝統的に教える「霊的聖体拝領」のことであり、それはミサに与ることがさまざまな事情で不可能な場合の助けであるだけではなく、聖体礼拝などの信心の持つ意味にも深くつながるものである。実際にミサに与って聖体拝領すること（秘跡による場合）は最も重要だが、それ以外の場合にも、例えば聖体礼拝のうちにあって、またはミサに参加することができない場合にあって祈りのうちに、現存されるキリストとの一致を求めながら霊的に聖体を拝領することも忘れてはいけないカトリック教会の伝統となっている。
（カトリック東京大司教区ホームページより引用……https://tokyo.catholic.jp/info/diocese/37978/）

そこで、今回の研究では、先にあげたオンライン教会学校の内容や、それ以外のオンライン・セミナーの取り組みを紹介し、その後、新たにはじめた信仰教育の動画配信の取り組みや周囲の反応を紹介しながら、司牧の現場の課題と、大きく変わりつつある社会の変化に対応した、オンラインでの信仰教育の可能性を探る一つのきっかけとなればと考えている。

I. 「ミサのオンライン配信」ではなく 「教会学校のオンライン配信」にした理由

先述した主日ミサの動画配信では、LIVE 動画として同じ時間に配信することで、信徒の方々が少しでもともに霊的なつながりを確認し、祈りの一助となるよう配慮した。今回、私の友人からも子どもたち向けの「ミサ」の配信を、とのリクエストであったが、あえて「ミサ」ではなく「教会学校」という配信にした。

それは、あくまでミサの動画視聴は各人の祈りの一助であって、ミサにあずかったことにはならないという点である。このことに関して、現段階ではカトリック教会の多くの神学者たちは同じ見解、あるいは慎重な判断をしていように見受けられる。

今回の配信で私自身の思いとしても、子どもたちやその保護者に安易に「ミサのオンライン配信に参加していれば良い」という考えを抱かせるのではという懸念もあった。また、あくまで対象が子どもであるということも踏まえ、ミサのオンライン配信となると、どうしても配信時間が 30 分は超える長さとなり、子どもたちが画面上に集中できるかという課題もあったため、子どもを対象とした今回の動画の作成においては、ミサの形式にこだわらずに、御言葉の

配信に重きを置き、主日の「オンライン教会学校」[4] という位置づけの動画を配信することにした（56頁、写真上参照）。

Ⅱ. オンライン教会学校の配信内容

この「オンライン教会学校」の動画配信に至ったもうひとつのきっかけには、当時私自身が、オリエンス宗教研究所発行の「週刊こじか」で、主日の子ども向けの福音解説を連載させていただいていた（2020年4月から2022年3月まで）こともあった。その福音解説のメッセージを動画に活用できないかと思い、同編集部に相談をもちかけた。執筆者本人がその内容を紹介することは問題ないとの了承を得られたことから、主日の子ども向けの福音解説をメインテーマとした配信内容にすることが固まった。

具体的な動画配信の構成としては、冒頭の挨拶のあと、「主日の福音朗読」、つづいて「福音メッセージ（解説）」で、子どもたちが御言葉を味わったあとに、毎回、聖歌を1曲挿入して、歌を通して神さまに賛美と感謝をささげられるよう構成し、おおむね 10~13 分程度の動画にまとめた。

動画の最後に挿入した聖歌は、子どもとともにささげるミサや青年たちの集まりなどでよく歌われる曲の中から、主日の福音やメッセージにできるだけ沿うものを選曲した。演奏は、富山地区の青年たちが快く協力してくれ、当初は、私がキーボードを弾き、ギター、バイオリンを弾ける2人の青年メンバーからはじめ、緊急事態宣言解除後には、ほかに数名の青年たちがドラムやフルート、ボーカルなどとして加わり、楽しんで演奏してくれた。

4）　子どもたちのためのオンライン教会学校⑭　年間第 16 主日　…　https://youtu.be/Sb8GJOpWTyo

　また、当初の撮影は、私が居住していた富山教会で行っていたが、動画制作を重ねていくうちに少しずつ編集作業に慣れた頃からは、撮影機材を持って富山地区の小教区（高岡、小矢部、魚津）を順番に巡り、それぞれの聖堂を背景に教会紹介も織り交ぜて撮影を行った。後半回の配信では、少し遊び心も取り入れながら富山県の観光名所をいくつか訪れての撮影も行った。黒部峡谷や、五箇山、氷見などの風景は、コロナ禍中の閉そく感のせいか、子どもだけでなく、大人の方々からも多くの反響があった。

　今回の動画「オンライン教会学校」の利点は、なにより、カトリックの多くの教会学校で使われている「週刊こじか」と連動できたことである。緊急事態宣言で信徒が教会に集まれない中で、当然のことながら教会学校も思うように行えない状況で、「オンライン教会学校」はSNSを通して瞬く間に広がった。また、当初の友人からのリクエストの一つでもあった、聖歌を自宅で気兼ねなく歌える良さもコロナ禍を過ごす上で好評であった。

　そういったミサに集まることができない状況が長期化するなかで、教会学校の先生やリーダー方も、子どもたちのために何かできることがないかと、同じ悩みを持ち、模索する状況下で、「オンライン教会学校」動画の需要は予想以上に大きかったと感じている。同配信は、2020年4月から夏休みに入るまでの14週にわたって毎週配信を続けて配信してきた。その後も配信を続けたい思いもあったが、司牧の生活が戻りつつある中で、動画編集にあてられる時間に限界があったため、残念ながら3カ月ほどでひと区切りつけることとなった。

Ⅲ．それ以外でのオンライン・セミナー取り組み

　また、私は名古屋教区の青年司牧の担当司祭として、教会で活動する青年たちともかかわりを持っている。青年たちも、このコロナ禍で仲間と集うことができない日々を過ごす中で、オンラインでの勉強会や分かち合いなどを企画し、活動をしてきた。

　こうした企画に青年たちが主として用いるアプリケーションは主にZoom[5]である。それは、大学や職場などで使用している人たちも多く、講義スタイルで、資料を画面共有しながらプレゼンテーションしたりできること、そして何より、パソコンや端末のWEBカメラを通して、「いま」の時間を共有し、語り合えることが大きな魅力となっている。少人数はさることながら、参加者が多い集まりでも、人数を指定してのグループ分けもでき、場合によっては、その場で小グループの分かち合いもできることがメリットとしてあげられる。

　ただ、個人的に、中学生や高校生のグループでも、Zoomを用いた同様のオンライン上での集まりを数回企画し試みたが、Zoom利用の経験が少ない上、また年齢的にも特に初対面では、自分の顔が画面上に映ることの恥ずかしさもうかがえた。そこで、カメラをオフにしての参加も良いことにしたが、結果的には、お互いの表情が見えにくい上、進行する上で画面上での反応がつかみにくいため、青年たちと比べると難易度が感じられた。

---

5)　パソコンやスマートフォン、タブレットなどのデバイスを使用して、オンラインでセミナーや会議を開催するために開発されたアプリケーション。

Ⅳ. オンラインセミナーの手段・形式について

　以上の取り組みのように、オンラインのセミナーに関しては、手段・形式を工夫しながら、行っていくことが求められるため、その特徴を簡単に以下のようにまとめる。

①配信手段について

　配信には、「ライブ配信」と「オンデマンド配信（録画配信）」の二つの手段にまとめることができる。

ライブ配信

　ライブ配信では、参加者と配信者（指導者）が同じ時間を共有できるため、参加者からの質疑に答えたり、分かち合いなどのコミュニケーションが取りやすい特徴がある。

　具体的には、Zoom や Google Meet などのクラウドミーティングアプリを使うことが主流になっているが、パソコンやタブレットに、使用する同じアプリを入れていないとオンラインセミナーができないため、参加者が、事前に指定したアプリをダウンロードしておく必要があるなど、セミナー開催前の準備が必要である。

　少人数規模や、機能にこだわらなければ、日ごろ、幅広い世代で使われているコミュニケーションアプリである LINE や、Facebook Messenger、Skype などを使用することも有益である。

オンデマンド配信（録画配信）

　オンデマンド配信は、あらかじめ録画・編集したセミナーを動画で YouTube などの動画アプリにアップロードし、配信する方法。配信しているアドレスを参加者に伝え、あとは参加者が好きなタイミ

ングで動画を閲覧し、セミナーを受ける形である。参加者側は、好きな時間や場所で動画を視聴したり、また繰り返し見て復習したりできるため、柔軟性が高いことが特徴といえる。公開範囲の設定により、誰もが観られる形ではなく、視聴者を制限することも可能。

しかし、どうしても参加者は、聞くだけの一方向配信になってしまう点と、ライブ配信に比べると、編集に経験や、時間や手間がかかってしまうデメリットもある。

また先述の、Zoom や Google Meet には、レコーディング（録画）機能がついており、YouTube などにそのデータをアップロードするなどして、ライブ配信後に共有することも大いに工夫できる点である。

②セミナー形式（スライド形式と講義形式）について

セミナーの形式として、大きく分けて、パワーポイントや資料を用意して会話を進める「スライド形式」と、講師が直接話しながら会話を進める「講義形式」の2種類がある。

図や解説などを駆使して、分かりやすく伝えたい場合はスライド形式も有効であり、講義形式も、講師がそのまま発言を進めるため、話し手の表情を見たり、感情を伝えたい講話や説教などの場合にも向いている。

セミナーの質や目的によって変わってくるため、どちらか一方のスタイルが優れているという訳ではないし、動画の編集によっては、両方を上手に駆使することももちろん可能である。

③セミナーの目的（内容）・対象・規模を総合的に判断する

よって、上記の手段・形式の選択にあたっては、セミナーの目的（内容）や、対象（年代や、教会内だけに限ったものなのか、教会の外に

も開かれているのかなど）、どれくらいの規模（参加数）を想定して行うのかなどを、取捨選択していくことが大切である。

　たとえば、前述3の事例で紹介したように、Zoom や Google Meet などの双方向でやりとりなどを含むライブ配信のセミナーは、青年たちには効果的のように感じられるが、小学生～中・高校生などのセミナーに対しては、準備も含めて、ハードルが高くなる傾向があるように感じられる。そうした中、YouTube でオンデマンド配信を観ることは、近年子どもたちが日常生活の中で、ほかの動画を楽しむのと同じように、抵抗なく視聴できることもあるようだ。目的や年齢対象に合わせて、一つの動画の配信時間を工夫することが求められる。

V. 司牧の現場から新たな取り組みについて

　現在、司牧を担当している石川地区の中心拠点となるカトリック金沢教会では、小学校2～3年生の子どもたちに、はじめて御聖体を拝領するための準備[6] を行う「初聖体クラス」が通年で行われている。しかしながら、指導者の不足とともに、コロナ禍で、医療従事者関係の保護者が、教会へ子どもを連れてくることができなかったり、子どもたちの感染も増えていたことから、その不安で教会へ足を運びづらい状況であることが、課題として挙げられていた。

　そこで、クラスに参加できない子どもたちには、初聖体用のテキ

[6]　初聖体……幼児洗礼を受けた子どもたちが、その名のとおり、「キリストのからだ」であるご聖体をはじめて拝領する儀式で、カトリック教会では七つの秘跡のうちの一つとされている。教会法の規定では、その対象を、「理性を働かせるに至った子ども」とされており、満7歳以上の子どもが初聖体の対象とされている。日本のカトリック教会では、おおむね小学校1年生から2年生にかけてされており、イエスについて質問したり、良心に基づく判断もできるようになっているため、適切な準備が求められる。

ストを保護者といっしょに自宅で取り組んでもらい、テキストだけでは補えない部分については、テーマごとに動画を作成し[7]、自宅で取り組んでもらうというプログラムを始めた（56 頁、写真下参照）。

　これも、小学校低学年を対象としているため、以前のオンライン教会学校同様、一つの動画を 10 ～ 15 分程度におさえて、全 4 回の動画を制作した。また、子どもたちが動画を見た後に、保護者らといっしょに学びができるように、動画に合わせて A4 用紙 2 枚ほどのワークシートを作成した。それらは、家庭の都合の良い時間帯に合わせて取り組むことができ、また子どもたちの理解度によって、動画を繰り返し視聴することもできるので、反応は良いように感じられた。

　今回の初聖体に向けたプログラムのように、秘跡を受けるための特別なクラス（セミナー）の教材を、LIVE 配信ではなく、YouTube を利用したオンデマンド配信で行うことによって、主としていた金沢教会以外の教会でも、教会学校のクラスで教室でパソコンとテレビをつないで、補助教材として動画を活用しているとの報告をいくつかいただいた。

　このように、子どもの信仰教育を担う指導者がいない地方の教会や小規模な教会で、動画による教材が助けとなるだけでなく、教会学校が実施されている教会でも、補助教材の一つとして動画が活用された報告は喜びであった。

Ⅵ. 提言～宗派・教会を超えた福音宣教の可能性の共有へ～

　今回の共同研究の趣旨である、「アフターコロナ」を見据えての

7）　オンライン教会学校　初聖体クラス　Lesson ①
https://youtu.be/JOq6i9icyxc

教会の展望について考えるなかで、カトリック教会の一司牧者に声をかけていただいたことに感謝している。私自身この教派を超えての合同研究で、ミサや礼拝への互いの神学的相違の理解への深まりはたいへん勉強させていただいた。

　前述したように、カトリック教会の立場からみると、「秘跡であるミサ」と「ミサのオンライン配信」は区別される必要があると考える。ただし、「ことばの典礼」のような聖書朗読と説教（あるいはみことばの分かち合いなど）と祈りを中心とした祭儀をオンライン上でともに集うなど、ミサ以外の霊的な礼拝をオンラインでも工夫していくことは大いに考えていきたい。

　そして、今回私が実際にこのコロナ禍を通して取り組んできた、オンラインを用いての信仰教育、セミナーは、これから宗派や強化を問わず、福音宣教のツールとして、大きな可能性を秘めていると私自身は感じている。

　特に、私の司牧担当している富山地区・石川地区のような地方の教会では、著しく信徒の高齢化と減少が進んでおり、各県の拠点教会を除いては、自分たちでセミナーや勉強会をひらくことが困難な状況となっている。

　地区レベルや北陸３県をブロックとして司牧の面でも協力体制をとっているが、福井の西側から富山の東側までの距離は 250 ｋｍ近くもある。都市部の教会とは違い、教会間の距離ですら、数十キロから場合によっては百キロ以上も離れている。講演会やセミナーなどが行われる、中心部の教会まで、移動する時間や交通費などのことを考えると、足を運ぶことも決して容易ではない。

　しかしながら、オンラインでの信仰教育プログラムは、こうした地方教会の抱える弱点をも補い得る。もちろん対面で集うことも大切であり、すべてをオンラインに頼ることは避けるべきだが、配信

手段、形式、対象、規模などを、セミナー目的（内容）を主催者がイメージし、上手に使い分けながらオンラインを活用していくことは有益に感じている。そして、特に子どもたちの信仰教育は、家庭での教育も大切だが、教会も責任をもって取り組んでいく必要がある。

　今回の考察をとおして、この社会の大きな変化の中にあっても、宗派や教会を問わず、信仰を育んでいこうとする方々と思いを一つに、新たな可能性を探りながら、共有し、福音宣教の形を広げていけたらと願っている。

子どもたちのためのオンライン教会学校⑭　年間第 16 主日
https://youtu.be/Sb8GJOpWTyo

オンライン教会学校　初聖体クラス　Lesson ①
https://youtu.be/JOq6i9icyxc

「コロナの時」を生き残るキリスト教会へ

日本バプテスト同盟　駒込平和教会　牧師

マイノリティ宣教センター　共同主事

渡邊さゆり

I. 日本における新型コロナウィルスの蔓延と「コロナ後」を宣言すること

　日本にあるキリスト教会は、「コロナ後の教会の可能性」を見出す挑戦を受けているのだろうか。私は、まだ日本にあるキリスト教会は、誰が新型コロナウィルス蔓延により困窮したのかを問う場を十分に持ったとは思えない。「疫病は万人に平等に下された災禍」とは言い難い現実をまざまざと見させられた。「コロナ禍」はその人が置かれた社会的環境によって、異なるものとして降りかかったのではないか。この災禍の格差こそが、「コロナ危機」である。身体的、霊的に、個人、共同体として、「コロナの時」におかれたキリスト教会が、「コロナ後」の教会の可能性を探ろうとするとき、誰が、今を「コロナ後」と呼ぶのかが問題である。

　日本で新型コロナウィルスの第一発症例が確認されたのは2020年1月15日である。同年2月、横浜港内で、ダイヤモンドプリンセス船内で、クラスターが発生した。3月13日に新型インフルエンザ等対策特別措置法が改正され、4月7日に7都道府県、16日全都道府県に「緊急事態宣言」が発令された（同年5月25日解除）。翌年、2021年1月8日、第二回目の宣言（同年3月21日解除）、その後4月25日に第三回目（9月30日解除）の発令がなされた。日

本国内の新型コロナウィルス陽性者数は、2023 年 1 月 5 日現在、29,798,835 人、死者は、58,496 人である[1]。宗教別罹患者データはない。罹患者の所在地域の偏重を無視すると、日本国内キリスト者の（複数回罹患有り）30 万人近くが陽性となり、600 人近くがこの病によって亡くなったことになる[2]。

　では、日本のキリスト教会が直面したコロナ危機とは何なのか。2020 年の自死者数は 21,081 人、前年から 912 人増加し、女性の自死者数が大幅に増加した。2021 年の全国の自殺者数は、21,007 人、女性は前年に引き続き増加している。原因、動機については、「健康問題」が約半数、その次が、「経済・生活問題」、「家庭問題」と続く。2020 年 6 月以降、女性、小学生から高校生の自死者数は倍である。また、過去 10 年間で増加してきた女性就労者がこの間減少している。女性就労者数減少率は男性就労者の 2 倍、51 万人の女性がこの「コロナの時」に離職したことになる。日本に住む外国人、特に就労できず、保険加入も認められない人々は、これらの統計からは排除されている。日本で困難な在留状況にある外国人たちにとっての「コロナの時」については後述する。日本で差別を受ける人々が、「コロナの時」に、より酷い目に遭わされ続けている。

　キリスト教と疫病について、聖書から、また過去のパンデミック時の記録から、そして今、「コロナの時」に新たに生じた事例から、「コロナ後」志向を学びほぐす必要がある。「コロナ後」の教会の可能性を模索することが研究会の出発点であったが、「コロナの時」

1)　厚生労働省　HP　https://covid19.mhlw.go.jp/（2023.1.5.）
2)　日本の人口 126,100,000 人（2021 年）とし、文化庁発表会宗教統計調査（2021 年）系統別のキリスト教信者数 1,915,294 人と考え算出した場合、キリスト教系信者は人口の 1.5% となるが、ここでは 1% で計算している。https://www.e-stat.go.jp/stat-search/files?page=1&layout=datalist&toukei=00401101&t-stat=000001018471&cycle=0&tclass1=000001160766&tclass2val=0(2022.1.10.)

が何であったのかにその起点を置き換える必要がある。死者を悼み、傷を持ちながら生き残ろうと喘ぐ人々の中で、教会から「コロナ後」が発信される違和感を無視することができないのは、私自身の生活経験からくる抵抗である。1995年の災害（阪神淡路大震災）時の記憶はいまだに私の心の中でゴロつき、今も疼くからである。まだ、私はその「時」の中にいる。「コロナ後」が宣言されたとしても、同じくその「時」の疼痛を抱擁し続ける人々がいるという想像力から、この研究を始めたいと思う。

II. キリスト教と疫病

① ヘブライ語聖書の中の疫病とその後について

　出エジプト記7章から11章に記載されている「災い」のうち、第五の災いは疫病 (הֶבֶר deber) である。この疫病はエジプト人の家畜のみにくだされ、エジプトは馬（軍馬も含まれるだろう）、ろば、らくだ、牛、羊が全滅したと記されている[3]。家畜を襲う疫病の結果、ファラオの心は頑迷になっている。しかし、第十の災いである「過越」で初子が被るものは deber とは明言されていない。夜襲によりエジプトの初子の死亡が記録されているだけである[4]。疫病は、長期間にわたり感染拡大が生じるものと考えると、過越は疫病とは言えない。ヘブライ語聖書内の記述から、ウィルス性の疫病に関する記述、その詳細、パンデミックに対する対策や人々の様子を知る手がかりは、上述の第五の災い「deber」以外では得られない。

　注目すべきことは、疫病蔓延の後、支配者がより頑なになる点である。「コロナ後」とは、支配者が強権的になる時であることこの

---

3)　出エジプト記9章1-7節。
4)　出エジプト記12章29-30節。

テクストから読み出すべきではないか。そしてその「時」は、十回も繰り返されるのである。そのちょうど折り返し点が疫病の災である。

「コロナ後」とは、感染者数の減少、ワクチンによる防疫、治療薬の供給によってもたらされる「時」ではない。その「時」は、疫病蔓延によって強権的な支配者による暴力が正当化され、暴力に対する鈍感さが押し寄せる「時」である。この危機感を日本におけるキリスト教会は持っているだろうか？　緊急時を理由に、民主的手続きを通さずトップダウンによる決定を是とする機構（教会、教派団体）へシフトすることが「致し方なき対応策」と是認されていないかを問うべきである。

蔓延する疫病に類する疾病罹患を「神による作用（裁きを含む）」と関連づける記事がヘブライ語聖書の中に多く見られ、象徴的に記されている [5]。ユダヤの宗教的伝統上、病は神の意志による裁きの一表象と捉えられてきた。

イエスは、どのように病、病人と向き合ったかの考察へと歩みを進めよう。その前に、ロドニー・スタークによる疫病中のキリスト者らの働きについての考察、日本のキリスト教と疫病に関する先行研究を紹介する。イエスの宣教実践と、日本にあるキリスト教会の「コロナ後」の展望との接点、乖離をより鮮明にするためである。

② 疫病中のキリスト者らの働き

ロドニー・スタークは天災、人災といった危機的状況が信仰上の

---

5)　不妊状況にある人々、アブラム、サライ、マノア夫妻、ハンナ、ザカリア、エリサベト。ミリアムのみが皮膚病（Num129-16）になること、ナバル（SamI25:36-39）がダビデへの反抗をしたことで急死することなど。ダビデはナバルが死んだことを聞いて神に賛美する。この他にも典型的なものとしてはヨブがあげられる。

危機をもたらしながらも、災いに対する説明能力がある宗教は活性化すると指摘している。キリスト教が互いに愛し合うことを重んじ、疫病禍中、看護を続けたこと、大量の死者が発生するにもかかわらず死を恐れない教義のゆえに、キリスト者の罹患者が死を受容し、むしろ喜んで死に備えていたことが、多神信仰の文化の中で、驚きとインパクトをもたらした点を挙げている。スタークは、危機がキリスト教の興隆の決定的なチャンスとなっていたと概観する。キリスト教の「あなたがたも互いに愛し合いなさい」という教えは、古代ローマ社会においては信じがたい倫理観であったが、キリスト者がこの教えに基づき異教徒に対しても災害時に憐れみを表したことは奇異と見なされる一方で、社会的信頼をも獲得したと結論づけられている[6]。

③ 日本のキリスト教会と疫病について

　日本におけるスペイン風邪の流行時のキリスト教会の向き合い方に関する研究では、1918年から1920年に各教派が発刊した資料を丹念に調べた先行研究がある。スペイン風邪の流行時、キリスト教徒の罹患者が比較的手厚い看護を受けていた一方、災害に対する組織的な支援活動が宣教課題にならなかった点が指摘されている。カトリック教会では、日本で働く宣教師が感染死した記録はあるが、信徒の罹患状況はわからない。日本基督組合教会では機関紙において教会からの報告に基づき罹患状況が公表されていた。また、感染拡大期間内に献堂式、特別集会などが開催されたため、感染が増加したとも記録されている。各教派団体は、第一次大戦、関東大震

---

6)　ロドニー・スターク著　穐田信子訳『キリスト教徒ローマ帝国　小さなメシア運動が帝国に広がった理由』新教出版社　2014年　特に「第4章　疫病・ネットワーク・改宗」

災の被害状況に着目し、スペイン風邪による被害の記録が希薄である。日本でキリスト教会が疫病の災禍に向き合い、これを宣教課題としていたとは言い難いことが指摘されている[7]。日本におけるスペイン風邪流行時のケアの実践によってキリスト教が信頼されることはなく、大衆から好意的に受け止められたとは言えない。

　「コロナの時」に要請されているのは、宗教儀式の実践を継続するための新しい様式の検討だけではないはずである。ヘブライ語聖書中の疫病の記事から聞き取ったように、今、疫病対策の背後で暴力的支配、差別がより一層強められるという危機意識を持ち、イエスの宣教の実践はいかなるものかを考える。

III. イエスと公衆衛生

　竹下節子は、病者、しょうがいを生きる人々が排除される社会の中で、イエスがその人々を「穢れた者」とは見なさず、癒し、共同体へ復帰させたことに着眼している。さらに、病者の尊厳を守ることがキリスト教の特徴だと指摘している。「けれども、病や死そのものを『穢れ』とは見なさず、病む人、苦しむ人、障害のある人の尊厳と切り離して考えることは、キリスト教のアイデンティティの根幹に生き残った」[8]。さらに、竹下は、イエスが食前の手洗いを厳格に守るユダヤ教の習慣に対抗的に活動したことを取り上げている。

---

7)　富坂キリスト教センター編　新教コイノーニア 36『100 年前のパンデミック　日本のキリスト教はスペイン風邪とどう向き合ったか』新教出版社 2021 年
8)　竹下節子『疫病の精神史 ── ユダヤ・キリスト教の穢れと救い』筑摩書房　2021 年　p.23

① 非接触、隔離に抵抗するイエス

　イエスの時代のパレスティナ地域における公衆衛生は、宗教的儀礼と強く結びついていた。手洗い、隔離、非接触を定める律法は「感染リスク回避」、防疫を宗教的表現にしたものでもある。感染者、もしくは感染源は、宗教的表現上「穢れ」「罪」と同定されている。レビ記13章には皮膚病の症状を、祭司が「清い」「清くない」と宣言することが繰り返し述べられている。

　重い皮膚病にかかっている患者は、衣服を裂き、髪をほどき、口ひげを覆い、「わたしは汚れたものです。汚れたものです」と呼ばわらねばならない。この症状があるかぎり、その人は汚れている。その人は独りで宿営の外に住まねばならない。（レビ記13章45〜46節）

　皮膚病に対する公衆衛生上の厳格な基準が設けられているユダヤ律法から、罹患者を隔離することが有効な蔓延防止策と考えられていたと読み取れる。ここでの皮膚病とハンセン病を、完全に同一視はできない。しかし、この記事を読む時、日本における公衆衛生政策の基調が「隔離による防疫」であり、「らい予防法」による、患者、患者家族への凄惨な差別が現在もなお続いていることを呼び覚まさなければならない。日本における公衆衛生政策は、非人権的であり人間の尊厳を損なってきた[9]。その日本のキリスト教が罹患者隔離を前提とする「コロナの時」に対して沈黙することは、過去の差別加害の事実を無化し、過ちを繰り返すことになりかねない。

　福音書にある証言からは、イエスが隔離政策に抗したことが読み

---

9)　詳しくは、ハンセン病国家賠償訴訟弁護団編『証人調書〈1〉「らい予防法国賠訴訟」大谷藤郎証言—国や私どもが長年にわたって患者さん方を追い込んだ責任というものを私は感じる次第です』皓星社ブックレット 2001.

取れる。非接触、ディスタンティング、隔離、陰性証明（祭司による認証）によって社会復帰可能となる宗教的防疫対策は政治的でもあることを日本の文脈から捉え、「イエスが深く憐れんで、手を差し伸べてその人に触れ」（マルコ 1:41）たことに震盪する者でありたい[10]。イエスは接触による癒しの実践をした。イエスの行為は、公衆衛生政策上は違反行為であった。イエスの接触でイエスの周辺にいる人々も同時に罹患者と見なされかねない二次被害被害を起こすリスクがあった。そのリスクを引き受けてまで、イエスが非接触を超えたのはなぜだろうか。

② イエスと手指消毒

　イエスは、手指消毒義務を意図的に果たさなかったと読み取れる。正統的ユダヤ教徒にとって手指消毒は衛生管理の所作のみならず、宗教上の潔白さを表すものとみなされていたので、入念に行われていた。睡眠から起床した折、調理にあたる前、パンに関わる時、食事の時、何度も手指消毒をするように定められていた[11]。

　ところが、イエスは野原の食事（5千人、4千人以上との）に象徴的に表されているように、食前の手洗いができない状況での食事の主催者となった。ファリサイ派、律法学者たちはエルサレムから（わざわざ）イエスが活動していたゲネサレトまでやってきて、「イエスの弟子たちの中に汚れた手、洗わない手で食事をする者を見」（マルコ 7:2）て、「なぜ、あなたの弟子たちは昔の人の言い伝えに従って歩まず、汚れた手で食事をするのですか」と問う。イエスは、この問いに「すべて外から人の体に入るものは、人を汚すことがで

---

10)　マタイ 8:3、ルカ 5:13 も同様に「イエスが手を差し伸べてその人に触れ」を記録している。
11)　これらの規定は、口伝、トロホートの書、ヤダイム（手の浄不浄）の項に詳細に記されている。

きないことがわからないのか」(マルコ 7:15)、マタイではさらに手
洗いが付加されて「手を洗わずに食事をしても、そのことは人を汚
すものではない」(マタイ 15:20)と応じている。両福音書共に、(手
洗いなしの)野原の食事の直後にこのやりとりがある。パンと魚の
「奇跡」とは、手指消毒なしでも誰も「感染しない」「食べられる」
という衝撃的記録なのではないだろうか。

③ まとめ

　イエスは、非接触対象には積極的な接触を、手洗い励行に対して
は手洗いが出来ない場所での食事の実践をした。彼は、衛生管理上
ハイリスクな実践をした。イエスの実践の動機は、清浄規定への抵
抗、排他的な宗教的支配への不服従の連帯だったのではないか。ユ
ダヤの民の中にはヤダイムにあるような念入りな手指消毒を遵守す
ることができない者が多くいた。イエスはその「できない」状況に
ある者たちへ自ら越境した。

　イエスの手指消毒不履行は、預言者の伝統を呼び覚ます行動と言
える。野原の食事(5千人、4千人の食事)は、荒野伝承に見る野外
食(出エジプト記 16 章)と響き合う。エリヤがケリト川のほとり
で、川の水を飲み、あろうことか数羽の烏が運ぶパンと肉を食した
物語も呼び出される。イエスが手指消毒を省くことは、念入りに浄
化しなければ食せない、食させない体制への批判であったとも読み
取れるだろう。イエスは不衛生で人々が感染症に罹患することを奨
励していたと極端に結論づけることは、イエスの宣教実践の内実を
無化してしまう。イエスの接触、野原の食事は、非接触、手指消毒
の強化が、社会的弱者の排除になっていることへ抵抗運動であり、
無防備さの症例とは区別されるべきである。

　では、2020 年 1 月以降、「コロナの時」に、日本のキリスト教会

はイエスの宣教実践と、どう接続しているだろうか。この問いへ真摯に応えようと踏み出すことが「コロナの時」の教会の働きである。

Ⅳ. パンデミック下の宣教課題

①日本に住む外国人への差別

　2020年4月に日本政府は特別定額給付金制度により一律10万円の給付を行った。「非正規」滞在外国人、難民申請中の外国人合わせて9万人はその対象外だった。学生支援緊急給付金制度は、朝鮮大学校を除外、日本国外からの留学生に対しては成績優秀者のみに限られた。日本ではコロナの状況下で最初期に行われた公的援助は外国人に対する差別的政策であった[12]。緊急事態宣言発令以降、経営難により大打撃を受けた飲食業で失業したのは、非正規雇用者、特に、女性そして外国人労働者である。この現状に対して、2020年5月8日、移住者と連帯する全国ネットワーク（移住連）は「移民・難民緊急支援基金」を創設、募金と助成金受給により15,140,000円を1,645人へ5月25日から10月10日の間に給付している。パンデミックの中、最も困窮する立場に置かれた人々への援助を通して、難民、移民が日常的に晒されている日本における劣悪な生活状況が浮き彫りになった[13]。

　「コロナの時」、2021年2月1日にミャンマーでは軍事クーデターが起こり、2022年2月24日にはロシアによるウクライナ侵攻が

---

12)　詳しくは、渡邊さゆり「コロナ危機下のマイノリティと教会」『日本におけるマイノリティ人権白書2021年』マイノリティ宣教センター2021年。
13)　NPO法人移住者と連帯する全国ネットワーク『ここにいるともに　コロナ危機を生きぬく　新型コロナ「移民・難民緊急支援基金」報告書2020』2020年10月参照。

始まった。そして日本政府は、2023 年 1 月、前年度比 1 兆 4000 億
円増の 7 兆円近い軍事費予算を立て、コロナ対策として立てられて
いた雇用調整助成金特例措置を終了させた。日本では、軍備拡大と
引き換えに生活維持の自己責任化が強まっている。

　ミャンマー軍事クーデター後、ミャンマーでは自国民への暴力と
殺戮が軍事組織によって継続している。国内避難民（IDP）は 2023
年 1 月 9 日の発表によると 130 万人を超え、容疑者不在の裁判によ
る死刑判決が下され、大学生を含む市民が死刑に処されている。

　ロシアのウクライナ侵攻後、即座にアメリカはウクライナへ最
大 3 億 5 千万ドルの軍事資金援助を発表し、日本政府はウクライナ
からの避難民受け入れを表明し、政府専用機で避難民 20 人を 2022
年 4 月 5 日に移送し入国させた。ウクライナからの入国者へは、特
別に短期滞在許可を発行し、特定活動（就労可）1 年の在留資格に
変更可能とする特例措置を設けた。こうして日本政府はウクライナ
からの入国者を「避難民」とし、難民ではない新しい外国人管理の
ステイタスを 2 回の審議によって異例のスピードで閣議決定し創
出した。

　ミャンマー人に対しては、2021 年 5 月 28 日に「緊急避難措置」
が設置され、2022 年に改定がなされ、3000 人近い難民申請中のミ
ャンマー人に対し難民申請の取り下げとの引き替え、緊急避難措置
適用による 6 ヶ月の特定活動の在留資格を発行している。前年の
2021 年の日本の難民認定に関する報告では、その年の難民申請者
が 2,413 人、ミャンマー人 32 人を含む 74 人に難民認定がなされて
いる。一方で過去の難民審査請求に対して 10,000 例以上を不認定
としている [14]。つまり、ウクライナからの入国者については迅速な

────────────────

14)　https://www.moj.go.jp/isa/publications/press/07_00027.html（「令和 3 年
における難民認定者数等について」）2023.1.16.

受け入れ表明をしたが、ミャンマー人への複雑な避難措置と難民申請取り下げへの圧力を強めたのである。

　日本は「コロナ前」と同じく、いや以前よりも「難民鎖国」状況であることが見えにくくなった。コロナ感染予防のため、仮放免更新手続きは登庁なしで通知のみによって一方的に継続され、難民審査が遅々として進まず、収監されている外国人への面接は防疫対策を理由に断られるケースが増えている。サバイブのために接触が必要な人々が、オンラインなどの代替方法を持ち得ず、命に関わる危機的状況へと追い込まれているのである。「コロナの時」、日本における在留に不安を覚えさせられる外国人への差別はより酷くなっている。

②マイノリティ宣教センター「連帯への喚起へ」で用いられた言葉から

　マイノリティ宣教センターは、2020年5月21日以降「連帯の喚起へ」と題しマイノリティの現状を発信した。移住者、留学生、教会内での会話、幼稚園教諭、保護者の声が取り上げられ、緊急事態宣言下で取り交わされていた「言葉」が掲載されている[15]。次の言葉が多く使用された。

　「失意」「虚しさ」「心配」「憤り」「寂しさ」「困惑」「不安」「警戒」「差別」「圧迫」「リスク」。

　これらの言葉は具体的にどのような状況から発せられているのだろうか。特徴的な二つの事例から「コロナの時」に教会に託されている課題を考えよう。

---

15)　マイノリティ宣教センター「連帯の喚起へ」1〜3、 2020年5月21日〜6月25日参照。

③事例

1）事例1

2021年8月26日、埼玉県内に住む20代〜30代の技能実習生4人は高熱を訴え、監理者に連絡をした。コロナ罹患疑いで近所の内科を受診し、陽性確認された。しかし、その後、保健所など医療機関へのアクセスができなくなっていた。深刻な体調不良を、SNSで知り合っていた同国出身者へ相談した。

相談を受けた同国出身者が支援団体へ連絡した。食料買い出しをすることができないとのことで、食糧配送のボランティアの派遣へとつながった。罹患した4人はキリスト教徒だが、近所にキリスト教会を見つけられず、言語上の不安もあり、来日後、教会へは通ったことがないと言った。食糧支援3回、3週間に、ボランティアが買い出しと配送を行い支援は終了した。

2）事例2

都内キリスト教学校、施設職員の母親（80歳代後半）は、2020年8月コロナに罹患、召されていた。職員がこのことを職場で打ち明けることができたのは、半年以上経ってからである。コロナによる死亡のため、葬儀を教会で行うことを憚り、病院からそのまま火葬、家族で悼みの時を過ごした。死因がコロナであるということが知れた場合に起こるリアクションを恐れたと証言している。症状が悪化し搬送されて以降、誰も臨終に立ち会えず死別したため、心の整理がつかない困惑が述べられた。

④まとめ

経済的困難、失職、食糧難、外国人の住みづらさに加え、コロナに罹患した家族がいることを公表できない罪責感情と死別の苦しみが

以上の事例から読み取れる。

　キリスト教会は、従来の活動維持継続のための代替手段への切り替えに翻弄されてはいなかったか。オンラインでの礼拝配信、発声を伴う賛美の形式、会場内の距離確保、パンとぶどう液の配布、会食、これらのトランスフォーメーションを「コロナの時」のキーワードとして取り交わされている傍らで、コロナ前の困窮者がより困窮へと追い詰められている。その余波は、長年をかけて修復するほどに深い社会的傷になっている。教会と社会との間の距離はより長くなり、敷居の高低差は多くなり、ズレが生じている。

提言〜これからに向けて〜

　イエスの非接触の支配への不服従のインパクトをどのように語り伝え、実践していくのかを問われているのが「コロナの時」との認識を強く持つことが重要である。

　はじめの教会においては、社会的危機が結果的にはキリスト教の宣教拡大となった。それは、既存宗教とは異なる信仰実践が行われていたからである。その動機はイエスの宣教実践にあった。その記憶を取り戻すことは、「コロナの時」を漂流する今日の日本のキリスト教会に必要なことである。100年前のパンデミック時に日本のキリスト教会はその時に起こったことをまとまった形で残すことができなかったとの先行研究に学び、私たちは「コロナの時」の日本の教会を記録し、記憶づけていく必要がある。個々の教会、諸教派団体がこの記録作業に従事し、後代にキリスト教と疫病の物語を渡し、その評価を「コロナ後」の教会に生きる人々に託すことが重要である。

　「コロナの時」、日本に在留する外国人への差別、ヘイトが増大し

ている。この「時」、女性への暴力はより過酷なものとなっている。この「時」に倒されてゆく人々に、キリスト教会が為し得ていないことは何かを考えることすら奪われ、「コロナ後」へとシフトする強さを押し付けられることへの抵抗は、今、疫病禍の中での戦禍のもと生き延びようとする人々の有り様から学ぶべきことである。「コロナ後」志向者が、「コロナの時」の被害者を放置し災禍の勝者とならないために、日本のキリスト教会はイエスの宣教実践へ引き戻される必要がある。

　教会は、「いやし」と弔いにどれほど集中できるのかを問われている。死者の復活を語り続けるキリスト教会は、死をネガティブと見なしタブー視する力が強まる時にこそ、罹患者とその周囲の人々の「いやし」を求め、非接触運動と自己防御（＝自己責任化される防疫対策）の精神性に対抗することが期待されている。キリスト教会は、触れ、渡し、共に食べることによって生き残る希望を諦めない、誠実なオピニオンリーダーとして、神と人に対し謙虚に奉仕する共同体になり得るだろう。「コロナ後」を宣言することができる時が来るとすれば、日本のキリスト教会は、「病者の看護、遺族への慰め、パンデミックによる生活基盤を失った人々への具体的な支援ができる共同体」と認識され直す可能性に満ちている。今は「コロナの時」である。ならば、その可能性へと向き変えられていくのに遅すぎることはない。

　＜主な参考文献＞

・竹田節子『疫病の精神史』ちくま新書　2021 年

・富坂キリスト教センター編『100 年前のパンデミック　日本のキリスト教はスペイン風邪とどう向き合ったか』新教出版社　2021 年

・ロドニー・スターク著　穐田信子訳『キリスト教とローマ帝国　小さなメシア運動が帝国に広がった理由』新教出版社　2014 年

実態調査アンケート 集計結果

————————————————————————————

【調査期間】2021 年 8 月 27 日〜9 月 30 日

【回答方法】Google フォームからの入力、送信

【調査対象】牧師、司祭、信徒、教会の礼拝に何らかの形でコミットしている非信徒（個人）

【回答数】226 人

【回答者の内訳】

・20 代　5 ％／30 代　15％／40 代　25 ％／50 代　28％／60 代　19％／70 代以上　8 ％

・牧師、司祭　34％／信徒　56％／その他　10％

〔他の類似アンケートからの参考データ〕

①『日本基督教団年鑑 2022』によるオンライン礼拝実施率（2020 年度統計）

　14.2％（1676 教会中 238 教会が何らかの形で実施）

②東京教区の 4 支区（南・北・西南・東）におけるオンライン礼拝実施率

　約 40％（113 教会中 44 〜 46 教会が何らかの形で実施）

　＊ 2020 年度 5 〜 10 月の間の各支区によるアンケートより

————————————————————————————

1 コロナ禍が始まって以降、現時点までの間に、礼拝はどのようなかたちで行っていますか？

従来通り（対面形式）で行っている　7％

従来とは（一部または全部）異なるかたちに

変えて行っている　88％

休止している　5％

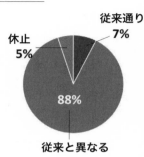

2 「従来通り（対面形式）で行っている」との回答者へ

1）理由は何ですか？（複数回答可）

密にならずに礼拝できる環境のため　76.5％

オンライン礼拝（配信）のノウハウがない　29.4％

従来通りの礼拝への要望が強いため　23.5％

特段の要望も議論もないため　23.5％

信徒家庭（配信を受ける側）の準備が困難なため　23.5％

2）礼拝において新たに注意・配慮していることはありますか？
（複数回答可）

アルコール消毒　88.2％

マスク着用　82.4％

着席する間隔を空ける　64.7％

検温　35.3％

その他（換気／賛美歌・聖歌は歌わない／特にない）

3）礼拝後の集会（礼拝当日の会合）はどうしていますか？

休止している　41.2％

限定して行っている　41.2％

従来通り行っている　11.8％

4）礼拝後の食事会（愛餐会）などはどうしていますか？

休止している　70.6％

従来通り行っている　11.8％

その他　17.6％

5）従来通りの礼拝を行うことについて、何かご意見ご感想はありますか？

懸念・心配を感じることもある　41.2％

特に問題はない　35.3％

その他（本当は望ましくない／それぞれの信仰が試されている／出席していない）　23.5％

3　「従来とは（一部または全部）異なるかたちに変えて行っている」との回答者へ

1）現在の礼拝はどのようなかたちですか？

オンライン礼拝のみ　15.8％

対面とオンラインの組み合わせ　50％

対面とオンライン、文書配布の組み合わせ　24.5％

その他（DVD の配布／説教のみの録画配信／Zoom で学び会／家庭での分散礼拝）　9.7％

２）礼拝の順序・内容などに変更はありましたか？（複数回答可）

礼拝全体の時間が短くなった　69.6 ％

賛美歌の曲数を減らした　49.5 ％

賛美歌の歌う節数を減らした　45.9 ％

賛美歌や信仰告白などで会衆の発声はしない・抑制する　44.8 ％

説教が短くなった　35.6 ％

奉献（献金）を省いた　16 ％

その他（賛美・信仰告白は小さな声で行う／常時換気を行う／会衆が座る席の間隔を空ける／講壇にパーテーションを設置／平和のあいさつを握手ではなく手話で／献金袋を使い捨てに／マイクの共有を控えた／奉仕者を減らした／献金を銀行振込にした）

３）オンライン礼拝の場合、どのようなかたちで行っていますか？配信に使っている動画プラットホームについて（複数回答可）

YouTube で司式・説教などを配信　72 ％

Zoom などを使った双方向型の集会　31 ％

フェイスブック、ツイッター、インスタグラムなど SNS で司式・説教などを配信　25 ％

ホームページ、LINE などで音声のみを配信　10 ％

その他（Zoom のウェビナー形式、メールで司式や説教の原稿を送付、他の大教会のオンラインを見ることを推奨、礼拝音声を CD で配布、教会サイトに礼拝式次第と説教要約を掲載）

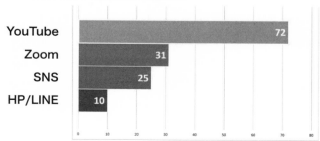

4）配信のかたちについて

リアルタイムとアーカイブの併用　62％

リアルタイム（同時中継）のみ　29％

アーカイブ（録画を配信）のみ　5％

その他　4％

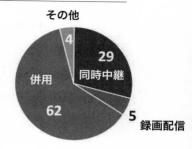

5）配信対象について

無制限に公開　56％

教会内（または登録者）に限定　35％

その他（リアルタイムは公開・配信終了と

同時に限定公開・土曜深夜から非公開／

リアルは教会内限定・録画は無制限／

礼拝後1週間は公開）　9％

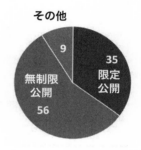

6）配信者側・受信者側のネット環境の整備などで問題は起こりませんでしたか？

・音響、音声トラブル

・機器。環境整備をめぐるトラブル（教会側・受信者側とも）

・奉仕者の負担増

・ネット環境のない信徒、高齢者への対処（デジタル・デバイス）

・PCのスペックが追いつかず、音声と映像にズレが生じた。ネットに不慣れな高齢者は、家族の協力がないと受信できない場合が多い。

・教会側のインターネットが安定せずに配信できなかったことが何回かあった。マイクの問題で特にオルガンの音が割れて聞けない状況だったこともあった。

・受信者側から苦情が来ることがあるので、それに対応して配信側が

環境を整備するのにたいへんだったと聞く。

・教会員が引っかけてコンセントが抜け、配信が落ちたのが最大のトラブル。パワポが動かない、カメラが落ちる、操作ミスなどは日常茶飯事。

・YouTube の開き方がわからない人たちについては、教会の公式 LINE を作り、ワンクリックでオンライン礼拝に飛べるようにしました。

・教会員の中でも視聴環境がなく配信など礼拝に出席できない人もあった。そのような方には礼拝音声の CD 配布、配信動画の入ったタブレット端末の貸し出しを行っている。

7）オンライン礼拝の場合、聖餐はどうしていますか？
（複数回答可）

今は休止している　54 %

発信側の牧師・司祭など司式者のみが陪餐　7 %

リモート（オンライン）聖餐（各自がその場で与る）　15 %

霊的陪餐　7 %

その他（個包装での聖餐を続けている／対面出席者のみが与る／衛生面を徹底しパン・ぶどう液を密封瓶に入れ密集を避けて現行月 1 回を 2 回に増やした／毎月第一主日に「主の晩餐式」を覚える黙想の時をプログラムに入れている）

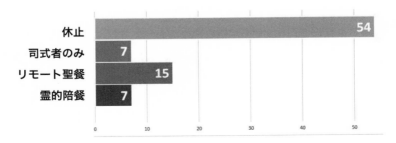

8）聖餐を「リモート（オンライン）」でしている場合、具体的にはどのように？

・オンライン礼拝で牧師が聖餐式をし、各自でパンと飲むもの（任意）を用意する。

・教会員に個包装の聖餐キットを取りに来てもらい、牧師が渡す。もしくは希望する方に教会員が届ける。

・事前にパンとぶどう液を郵送し、同時に同じものを食べる形で。

・どこにいても皆、同じものが使えるように、パンを「ハイハイン」（あかちゃんせんべい）に代えて、近所のスーパーなどで買ってもらっている。牧師はパン裂きをし、礼拝堂にいる人と自宅で参加する人は、ハイハインを食す。

・オンラインで、会堂に集う人たちが聖餐式をしているところを見守る。

・聖餐式を行う際、来会を自粛される方から事前に連絡をいただき、教会から事前に配布したもののみを使用していただく形で、リモートでの聖餐を行なっている。執行はハイブリッドの期間のみで、フルリモート期間中（基本的に緊急事態宣言期間中）は、中止している。

9）何らかのかたちで聖餐を「行っている」場合、従来の頻度と変わりましたか？　また聖餐の方法や内容は変わりましたか？

・変わらない　26.4％

・従来は月1、現在は年4回程度。

・聖餐式用のトレイではなく、大きなお盆に変えて、パンとコップはラップをした上で間隔を広く空けて置き、1人ずつ取るようにした。

・配餐するパンを紙製の小さいトレイに乗せて長老が配布し、パンを食べた後のトレイに、同じように長老が盃を配布してぶどう液を飲

む。盃はトレイに入れ、長老が回収する。

・パンとぶどう液は用いず、御言葉と黙想・祈りで思い起こす時を持っている。

・従来の形式で配餐する場合はパンをつかむ際にトングを利用したり、パンと杯に距離を置いたりしている。

・聖餐の規定は厳密には聖書に記されていないという根拠から月一の牧師宅での食事会を聖餐と位置付けている（1件）

・器具の消毒や司式者、配餐者のアルコール消毒された手袋の使用、パンの事前包装、配布や容器回収の仕方の衛生上の工夫など、もっぱら衛生管理面での変更のみ。

・聖餐式が聖書にないことから、イエスがパンを裂いたこと、弟子たちが食事の時にパンを裂いていることをふまえて、食事会を聖餐と呼んでいる。月に一度、私の家で集まり交わりを持つ時にパンを裂く（食事をしている）。

10) 従来とは異なるかたちで礼拝を行っていることについて、何かご意見ご感想はありますか？

本当は望ましくない（やはり従来の礼拝のかたちが望ましい）　30.8 %

懸念・心配を感じることもある　26.7 %

現在の礼拝で満足している（特に問題はない）　23.6 %

その他　18.9 %

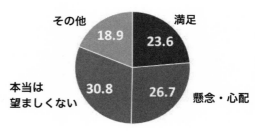

11）現在のような礼拝を始めた直後と一定期間を経た後で、礼拝に対するあなたの経験、意識や印象に変化はありましたか？

オンライン礼拝に慣れてきた　38.9 %

参加感・臨場感が低下した　27.8 %

特になし　14.1 %

その他（本当に大切なものは何かを意識するようになった／賛美をともにすることがどんなに素晴らしいことかを教えられた／礼拝共同体・慰めの共同体として課題を感じる／皿洗い中に他教会の礼拝録画を見るので礼拝がより身近になった／「オンライン礼拝」「礼拝休止」「教会は閉まっています」という言葉は使用しないように注意している／礼拝意識の低下を防ぐ努力が必要／基本的にオンラインは好きでないので参加していない）　19.2 %

12）コロナ禍の収束後、教会の礼拝はどういうかたちが望ましいと思いますか？

対面とオンラインの併用　87 %

対面のみに戻る　10 %

その他（オンラインのみ／リタージーに偏重しない／献金袋を回さない／讃美で会衆が満足する礼拝からの脱皮／対面・オンラインに限らず教会につながりたい人がつながれる選択肢が増えることが望ましい）　3 %

13）その理由は何ですか？

＜オンライン礼拝を望む理由＞

・長時間座れない高齢者のために、それぞれの家庭からの視聴を可能

としたい。

・集うことが望ましいが体調、家庭、仕事の都合もあるだろうから。

・健康上の理由で会堂に来られない人たちもオンライン礼拝で参加できる。外出困難な高齢者に礼拝参加の機会を提供できる。

・「教会に行ってみたい」とか「キリスト教に関心がある」という方が礼拝の様子を見られるのはとても良いことだと考えている。

・「教会は敷居が高いけど礼拝は好き」という方に礼拝の雰囲気を届けることができ、そのことに対する好意的な意見をよく耳にするから。

・会員や関係者が広範な地域に居住しており、対面とオンラインの併用によって、礼拝に具体的に「つながる」ことのできる人たちが増えた。この効用はコロナ後にも生かしていきたいと思うので。

・特に主日礼拝以外の礼拝（洗足木曜日の礼拝 Good Friday の礼拝など）については、従来参加が難しかった人でも参加できるようになったことの意義は大きい。また、他地域からの参加者がいることも非常に意義があると考えます。

・オンラインによって礼拝へアクセスするハードルを下げることができる。「手軽に覗き見できる」ネットの気軽さを大事にしてもよいと思うから。

・時代によって、ふさわしい福音伝道の方法があると思う。オンライン礼拝はそのうちの一つだと感じているので、改善を重ねながら続けていけたらと思う。ただ、今は、対面礼拝がオンライン礼拝に勝るとは言い難いので、併用という形で行なっていくのがいいのではないか。

＜対面のみを望む理由＞

・オンラインの場合、公開範囲の設定の問題が発生する。

- 教会員離れを懸念。

- オンラインでは、会衆が共に在る臨場感が得られない。オンラインで、視聴できる方の広がりやさまざまな理由でリアル礼拝に集うことができない教会員に、視聴の機会は拓かれたが、毎回配信トラブルやストレスがあるので、将来にわたってオンラインを続けていくことには消極的。そのストレスを持ち続けてまでオンライン礼拝配信を続けていく利点はあるのか。

- 礼拝はやはり集まるということが大事な要素であると改めて実感したから。時間と場所を共有し、隣の人の息遣いも感じながら（時に痛みも共有しながら）ということが大切であると感じる。それでもさまざまな理由で来られない方々のために、今回学んだオンラインということも継続していく必要も感じる。

- オンラインは家庭礼拝の補助程度の認識。「○○教会の礼拝」と考えた時には、互いに励ますことや交流を行うということ、特定の時間・空間で行うことでの自己感覚のリセット・信仰に関する体験の想起、神の家族としての認識の再定義などから、一つの会堂に集まって礼拝することが望ましいと思うため。

- 礼拝は実際に集まり、その後牧師や信徒同士お話しし問安や励まし、交流が大切。それが教会です。

- キリスト教の教義に最も近い形だから（この場合教義が何を指しているかは不明）

- 礼拝出席者の目的は神の言葉に傾聴する時である。したがって、礼典など固定したプログラムに従わせるヒエラルキー的要素を排除。組織運営のための経済的価値観を導入しない。宗教的感情を高揚するトリックのための讃美なら停止すべき。

4 「休止している」との回答者へ

1）礼拝休止に代わる対応・措置をしていますか？（複数回答可）

週報や説教要旨などを信徒に郵便・ファクス・メール・その他の方法で送っている　81.8％

他教会のオンライン礼拝への出席・視聴を勧めている　27.3％

各家庭における礼拝を推奨・実践している　18.2％

その他（毎日、希望者には司祭が聖体を授けている／ホームページでの牧師のメッセージ通知）

2）礼拝休止に対するあなたの率直な意見・感想・希望をお聞かせください。

やむをえない措置だと思う　45.5％

オンライン礼拝などの対応が望ましい　36.4％

従来の礼拝に戻すことが望ましい　9.1％

その他　9.0％

3）礼拝休止の直後とその後の一定期間を経た後で、礼拝に対するあなたの意識や印象に変化はありましたか？

礼拝への参加意欲が高まった　30％

礼拝への参加意欲が低下した　30％

特になし　30％

その他　10％

4）コロナ禍の収束後、教会の礼拝はどういうかたちが望ましいと思いますか？

対面とオンラインの併用　63.6％

　　対面のみに戻る　18.2 %

　　その他　18.2 %

その理由は何ですか？

・カトリックの場合、オンラインのミサは秘跡にはならない。オンライン中継を続けること自体は望ましいが、それは礼拝の「併用」にはならず、あくまでも信仰の補助という性質だと思う。

・高齢で家族のもとに引っ越されたり施設に入られたりする方が増え、いつも集まれる人数は減少傾向だから。正直な話、献金は減るが経費はかかるので運営が心配。

・コロナが終わったとしても礼拝出席が困難な人への対応として

5　礼拝以外の教会の活動について

1）教会から個々人への日常的な連絡はどうしていますか？
（複数回答可）

　　メール　79.6 %

　　郵便　59.7 %

　　電話　57.5 %

　　メール以外のオンラインツール　44.7 %

　　ファクス　12.4 %

　　その他（LINE、訪問、特にフォローはない）

2）献金はどうしていましたか？（複数回答可）

　　銀行・ゆうちょ銀行などの口座への振り込み　65.5 %

　　教会に持参している　64.6 %

　　当面、各自で貯める　30 %

オンライン献金のサービスを利用　6％

その他（当面、各自で貯めてもらっている／他のキリスト教団体へ献金する／小切手を郵送／現金書留での郵送／オンライン献金のサービスを活用）

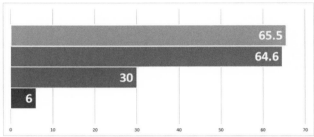

口座振込　65.5
教会に持参　64.6
各自で貯める　30
オンライン献金　6

3）洗礼式はどうしていましたか？

従来通り　32.3％

この間は行っていない　42.5％

牧師と受洗者のみで行う　7.5％

その他（Zoom／感染状況の指標が下がっており、本人と牧師とでバプテスマの準備が充分である場合行っている／牧師と受洗者、家族のみ。その様子をオンラインで配信／対面の礼拝が行うことができる時まで待って執行）　17.7％

4）結婚式はどうしていましたか？

従来通り　13.3％

この間は行っていない　53.5％

牧師と当事者のみで行う　10.2％

その他（別会場で／最低限の親族のみの参加／YouTube ライブで限定公開）　23％

5）葬儀はどうしていましたか？

従来通り　18.6％

この間は行っていない　17.3％

牧師と親族・遺族のみで行う　42.5％

その他（別会場で／前夜式は行わず、それ以外は従来通り／YouTube ライブで限定公開／人数によって執行可否を判断）　21.6％

6）コロナ禍の収束後、教会の諸集会・会議はどういうかたちが望ましいと思いますか？

対面のみに戻る　13.3％

対面とオンラインの併用　80.5％

その他（教会のあり方自体をふくめ再検討が必要／集会の内容に応じて対面とオンラインを使い分ける／その都度、検討すればよい）　6.2％

7）その理由は何ですか？

・オンラインをやめる理由がない。

・平日の仕事の終わる時間が遅い、若い信徒にとっては、教会の奉仕に関する会議を対面で行う場合は時間の都合を合わせることが難しかったり、奉仕そのものが負担となる面も多かった。オンラインで会議を行うことによって、奉仕者の参加がしやすくなった。

・会議はオンラインで行う方が、時間が効率よくなることや、空間的にも移動時間の節約があることが分かった。しかし、オンラインだけでは伝わらない、共有できないニュアンスや空気感もあるとも感じる。事案次第で使い分けていくのが良いのではないだろうか。

・オンラインの方が参加しやすい。特に祈り会や会議は、オンラインでもまったく支障がない（祈り会については、オンラインになってからは仕事終わりですぐ参加できるため、出席者が増えた）。

・一部の活動をオンラインに移したことで、他の地に引っ越した人々が参加できたりするという利点が見つかった。

・オンラインと併用できると遠方の牧師が参加しやすいため。教会の役員会などの会議でもオンラインでの自宅からの参加や、部分参加があってよいと思っています。

・オンラインは移動の点で有利だが、一緒に作業をしたりするなどは対面のほうがよい。また、会議外の雑談なども対面のほうが圧倒的によい。

6 　個人の信仰生活について

1）聖書や信仰に関わる本を読む時間は？

増えた　35.4 %

減った　56.2 %

変わらない　8.4 %

2）祈る機会や時間は？

増えた　35.4 %

減った　55.3 %

変わらない　9.3 %

3）牧師と連絡する機会や時間は？

増えた　16.4 %

減った　26.1 %

変わらない　57.5 %

4）教会員・関係者と連絡する機会や時間は？

増えた　29.6 %

減った　35.4 %

変わらない　35 %

5）自分の所属する教会（ふだん出席している教会）以外の礼拝や活動に触れることは？

増えた　50 %

減った　19 %

変わらない　31 %

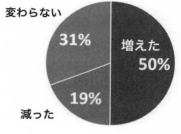

6）それらの活動の特にどういう点に関心がありますか？（複数回答可）

・説教（メッセージ）　77.4 %

・音楽（奏楽、賛美歌）　39.4 %

・牧師・司祭の人柄　26.1 %

・会堂内の様子（内観、構造、装飾など）　22.1 %

・その他（配信の仕方・見せ方／礼拝の構成／信徒の関わり方／子どもの参加の様子／音声の聴きやすさ・映像の見やすさ）

7）コロナ禍のもとで自分の信仰生活に何らかの変化がありましたか？

また、コロナ後の自分の信仰生活（教会との関わりを含む）に何らかの変化が起こると思いますか？

（97 ～ 105 頁との重複分は割愛）

・教会がコロナ前の状態で人々にアプローチ（牧会・宣教）すること

は難しいと思う。

・病院勤務のため高齢者の多い教会へ行き辛くなった。また教会がそのような人を積極的に受け入れようとしなくなった印象を抱いた。

・インターネット関係の奉仕が増加した。

・普段の礼拝の大切さ、対面の貴重さ、聖餐の重要性を再発見。

・オンライン化により他教会のクリスチャンとの交流が増えた。

・牧師との関係は深まったかもしれないが信徒同士の交流が減った。

・集会が減少したことにより一人で聖書を読む時間が増え、逆に良かった。

・コロナ禍における聖職者の教会員と社会へのアプローチに失望した。何の対応もしなかった。

・インターネットを利用する機会が増え、他教派の情報を知る機会が増えた。エキュメニカル運動の良い機会ではないだろうか。

・良くも悪くも信仰の個人化が進んだ（神との関係が深まった／教会共同体に属さなくとも信仰を保つことができる）。

・自身のミサへの渇望に気づく。

会衆を受け入れず、オンライン配信（YouTube）のみでささげたイースター礼拝
（2020 年 4 月 12 日　日本基督教団早稲田教会、撮影：山名敏郎）

実体調査アンケートの結果から

同志社大学キリスト教文化センター教員

越川弘英

Ⅰ．アンケートの概要と結果

　2021年秋、日本クリスチャン・アカデミー主催による『コロナ後の教会の可能性』共同研究グループとキリスト新聞社発行『Ministry』誌の共同主催で、教会に対するコロナ禍の影響に関する共同アンケート調査が行われた。私もこのアンケートの項目作成などに関わったものとして、その結果のいくつかを紹介しておこう。

　まず基本的な情報を記す。このアンケートは2021年8月27日～9月30日にかけて、インターネットを使って、Googleフォームからの入力というかたちで行われた。対象は牧師、司祭、信徒、また礼拝に何らかの形で参与している（未信者を含む）個人で、回答総数は226人（回答者の内訳は73頁参照）。教派的にはプロテスタント諸教派、聖公会、カトリックを含んでいる。なお、この回答者の中には、同じ教会に属するメンバーが複数含まれている可能性があるので、厳密には教会（数）単位の傾向や結果としてカウントしたり分析することには慎重でなければならない。またこのアンケートへの回答そのものがインターネット上で入力・送信されたものであるために、もともとそうした媒体になじんでいる人々（必ずしも若い世代とは限らないにしても）の意見が多数を占め、そうした方法になじんでいない人の回答（ひいてはオンライン礼拝などに対して今回のアンケート結果に見られる意見や感想と異なる傾向を持っている可

能性のある人の回答）が少ないと思われることも念頭に置く必要が
ある。実際、回答者の年齢分布を見ても、近年の教会の少子高齢化
現象を踏まえてみるならば、60代や70代以上の回答者が3割以下
というのはかなり低い数値といえよう。

　ともあれ、これらの前提を踏まえた上で、アンケートの質問項目
と回答結果のいくつかを見ていきたい（（　）内の数字は74頁以降の
アンケート項目と照合）。

　まずコロナ禍が始まってから礼拝に何らかの変化が生じたかと
いう問い（1）に対して、88％が何らかの変化が生じたと応えてい
る。「変化なし（従来通り）」という回答が7％、礼拝そのものの「休
止」が5％である。この「変化」の中には、礼拝のオンライン化と
いうだけではなく、先述したような礼拝時間の短縮や式次第の変更
など、さまざまな内容が含まれている。

　教会においてコロナ禍への対応が生じた時期についての質問で
は、2020年3月時点で回答の30％程度だが、翌4月に緊急事態宣
言が発出されると75％にまで上昇している。

　礼拝に変化が生じたと回答した人に対して、さらにその変化した
礼拝に対する感想をたずねたところ、「満足している」が23.6％、
「懸念・心配を感じることもある」が26.7％、「本当は望ましくな
い」が30.8％、「その他」が18.9％だった（3-10）。

　礼拝の変化としてオンライン礼拝の実施を挙げた回答は約80％
である。この数値が、同年度の日本基督教団の全国的な実施率（約
14％／『日本基督教団年鑑　2022』における2020年度統計より）に
比べても、極端に高いものであることはここで確認しておきたいと
思う。

　オンライン礼拝におけるプラットフォームとしては、回答の72％
がYouTubeを挙げており、さらにFacebookやTwitter、Instagram

も用いられている（複数の方法を使っている教会もあった）。こうした一方通行的な配信の方法に対して、双方向性を可能にする Zoom などの使用を挙げたものも 31% あった（3-3）。

　配信方法では、実際の礼拝をそのまま配信するリアルタイムのみという回答が 29%、事前に記録したものを配信するというアーカイブ（オンデマンド）のみが 5%、リアルタイムとアーカイブの併用が 62% だった（3-4）。アーカイブのみという場合、土曜日などにあらかじめ礼拝を録画し、それを日曜日の礼拝開始時間にアップするものが多かったが、その理由はビデオ上におけるプライバシーの配慮、音楽などの著作権の問題などから、事前にチェックと編集を行うためだと考えられる。

　配信対象については、教会内（教会員と事前に承認された人たち）に限定するという回答が 35%、無制限に公開が 56% だったが、リアルタイムとアーカイブを併用する教会では、後者のみを無制限にするという回答も若干あった（3-5）。

　オンライン礼拝におけるトラブルなどの発生状況についてたずねた問いでは、ほとんどなかったという回答から、今でも常時起こっているというものまで、ばらつきが大きかった。しかし、オンライン礼拝実施の当初、発信側（教会側）の問題もさることながら、受信者である各信徒の家庭における問題、とくに高齢者の方などを中心にネット環境の準備などのデジタルデバイスの問題が顕在化したという指摘は多く挙がっていた。また、オンライン礼拝に参加できない信徒のために、週報や説教を郵送するなどの対応を継続している教会も多くあった。

　オンライン礼拝と聖餐についての質問 (3-7) では、聖餐そのものを中止という回答がもっとも多かったが、実施しているという回答の中では、牧師など礼拝堂の中にいる人だけが実際に陪餐に与

るという回答が 7%、リモート（オンライン）聖餐を実施している
が 15% あった。オンラインで聖餐を実施する場合、物素（パンとぶ
どうジュース）をどうしているかという設問もあった。これについ
ては、教会から事前に物素を陪餐者（各家庭）に送付しているケー
ス、各人が自分で用意するというケースに分かれたが、後者が若干
多いようである。

　コロナ禍以降、対面礼拝を再開した場合でも、聖餐を実施する教
会は比較的少数に留まっているようだが、実施する場合にも配餐・
陪餐の部分でいくつかの変化が見られる。たとえば、物素は市販の
パッケージされたコミュニオンセットを用いるようになったとか、
サイコロ型に切ったパンを配る場合も、直接に手で触れないよう
に、配餐者がトングを使うという回答、あるいは陪餐者自身がつま
楊枝でパンを刺して取るといった回答もあった。さらには受けとっ
た物素をその場で飲食せずに持ち帰るという回答、各自がパンとぶ
どうジュースを教会に持ち寄るという回答もあったが、他方、牧師
が家庭訪問して聖餐を行う回数が増えたという回答もあった。

　従来と異なるオンライン礼拝に対する感想を問う項目（3-10）で
は、「従来の礼拝が望ましい」「現状で満足」「懸念・不安を感じる」
という 3 択の答えに対して、いずれも 3 割前後の回答に分散した
が、自由記述の中には、オンライン礼拝に安易になじんでいる傾向
が見られることを指摘し、対面礼拝の再開後も教会に来なくなった
信徒がいると記したものもあった。

　礼拝の変化を経験した人々に対して、コロナ禍の収束後、どうい
う礼拝のかたちが望ましいかをたずねた問い（3-12）には、「対面
のみに戻る」が 10%、「対面礼拝とオンライン礼拝のハイブリッ
ド」が 87% だった。ハイブリッドを望む理由としては、コロナ禍
などの感染症や自然災害などの予期しない事態への対応として、外

部に対する宣教の手段として、また病気や問題を抱えた信徒・遠隔地の信徒への配慮として、それぞれ有効であるという意見が多数記されていた。他方、オンライン礼拝はあくまでも「家庭礼拝の補助」であり、コイノニアとしての教会の本質などからすれば、特定の時間・空間で礼拝を行うことが望ましいという意見もあった。

　ある意味で、もっとも興味深かったのは、コロナ禍のもとで自分の信仰生活に変化があったか、また今後変化が起こると思うかという設問（6-7）に対するさまざまな立場からの回答だった。これは自由記述のかたちで記してもらったものだが、これらについては次に記すアンケート結果の考察の中で、いくつかの回答を具体的に取り上げながら見ていくことにしよう。

Ⅱ．アンケート結果の考察

　さて今回のアンケートを通じて浮かび上がってきた「コロナ後の教会の可能性」について若干の検討と分析を試みてみよう。ここではとくに礼拝をはじめとするオンラインの活用を中心に、これからの教会について考えていきたいと思う。

　まず一般論として、コロナ禍において実施されたオンライン礼拝に対するアンケート結果から分かることは、この試みがともあれ肯定的に評価されていることである。そうした評価に関する自由記述の一部を引用してみよう（以下、自由記述の引用においては一部文言を省略している場合があることをお断りしておく）。

　・良くも悪くもコロナ禍になってYouTubeなど配信を行うところが
　　増え、他の教派や教会の礼拝にあずかる機会が増えた。また配信の
　　研修なども、気軽に参加でき楽しんでいる。そういう意味で、今後

もさまざまな配信を楽しみにしている。

・コロナになって信仰と自分の生活が初めてリンク（双方向）した。コロナ前は教会は教会、家庭は家庭、というふうに分断していたことに気づいた。教会の中の顔と、家の中の顔が一致していなかったが、オンライン礼拝が自宅に入り込んできて、家庭生活まで教会が入ってきた気がする。教会で見せる顔を家でも見せていることになって、家族には自分を通して教会が見えるようになったのではないかと思う。

・集まることができなくなるのでは、と心配したが、かえって集まることが大切である共通認識ができたと思う。ただ賛美を短縮したり声を出すことを控えているので賛美を3番まで歌おうとすると息切れするようになった。賛美や祈り、聖書朗読など声を出すことも日常的に行う工夫が必要だと思う。

　さて、こうしたオンライン化の普及は、自分の属する教会だけでなく、他のいろいろな教会の礼拝や情報に触れる機会と習慣を生み出すことにもなった。そのような体験を踏まえた意見や指摘がアンケート回答の中にも複数見受けられる。

・各教会が一斉にオンライン配信を始めたことで、信徒は自分の教会以外の礼拝を自由に見ることができるようになった。これにより、偏った教理や釈義的誤り、また最初から外れた説教が露呈しやすくなったと思う。その意味では、しっかり聖書から説教を行っている教会と、そうでない教会とは、中長期的に見て、差が出るのではないかと思う。（中略）牧師はこれまで以上にネット上の動きに精通していることが不可欠になったと感じる。もはや「機械オンチ」で

は済まされない時代と言える。忙しい現代人にはオンラインの集会やコンテンツなら参加できると考える人も多く、ネットを上手に活用する教会とそうでない教会の差が広がっていくと思う。

・（オンライン礼拝で）いろいろな説教を聞けるようになった。牧師は比べられる意識を持つようになるかもしれない。競争が生まれたのではないか。良いと思う。

　対面礼拝を困難に至らしめたコロナ禍という突発的状況の下で、緊急的な代替措置としてとにもかくにも礼拝の継続を可能にしたオンライン化はそれ自体が一種の〝福音〟だったと言える。こうした礼拝の発信が可能であり、教会がそれを実践できるという自覚は、緊急対応的な次元を越えて、より広く多様な可能性を開くことにもつながっていく。すなわち、オンライン化はこれまで教会の礼拝から遠ざけられていた信徒、病気や高齢といった理由から、あるいは遠隔地に住むなどの理由から、教会に来ることが難しかった教会員にまで礼拝参加の可能性を拡大することになった。さらに教会外の不特定多数の人々にアプローチする宣教の手段としての可能性を開くことにもなった。オンライン化は多くの教会がこれまで（怠慢にも？）見過ごしてきた礼拝・牧会・宣教・キリスト教教育の可能性を大きく開くものでもあったのだ。

　こうした可能性への評価と期待は、先述したアンケート結果において、コロナ禍の収束後も「対面礼拝とオンライン礼拝のハイブリッド」の形式を望むという回答が87％にのぼったことからも明らかだろう。これらの新たな可能性への期待や意欲は次のような自由記述にも反映されている。

　・従来と同じことをやっていてはいけないという現状を教会員の皆さ

んと共有できる機会になった。

・会堂礼拝へのこだわりで、排除していた方々の存在に気付いた。説教が確保できても、賛美、交わりがないと、満たされない部分があることを痛感した。興味があっても教会には来られない（オンラインがあれば利用する）方々の存在に気付いた。

・ノンクリスチャンの方が教会にアクセスしやすくなる。

【オンライン化の評価（1）】

　さてしかし、こうしたオンライン化の一般的（表面的？）なメリットも、さらに一歩進んでその先の奥深い部分を見ていくと、かなり異なる評価へ分岐していくことも事実である。そのように分岐する評価の一つは、オンライン化が従来の教会のあり方や活動、そして信徒の意識を変化させていくことに対する懸念もしくは警戒感につながる評価である。こうした視点からの意見をいくつか挙げてみよう。

・（オンライン礼拝に参加していて）礼拝を「眺める」という受動的な感覚が強くなってしまった。

・（礼拝に）行かなくてもOK、と考え始めている人たちが一定数いるように思える。集まること、奉仕を担うことの大切さと喜びをどうやって理解してもらい、共有できるかが課題かと（思う）。

・コロナ禍の期間中、ネットを介して「コンテンツ」としてキリスト教に関するいろいろなプログラムが提供されたが、結局、それらを受け身的に「消費」している感覚が強くなり、飽きてきた。コロナ後も教会実務上はオンラインの有用性を存分に活用したいが、信仰生活という点では、むしろ人と人とのつながり、共同体性、身体性に立ち戻るような気がする。

・個人志向・内向きの信仰への傾倒、教会との帰属意識の低下を懸念する。

　これらのオンライン化から生じる変化や新たな傾向に対する批判的な意見が示すことは、オンライン化が礼拝の集いや教会員同士の交わりを疎外し、その意義や必要性を低減させる意識を生む一方で、信仰の個人主義化や内面化を助長し、結果的に共同体もしくは「群れ」としての教会の存立を揺るがすこと、あるいはそれを分解させる方向に進むことへの懸念であり警戒感であると言えよう。

【オンライン化の評価（2）】

　他方、これらの意見とは異なるもう一つの分岐する評価とは、ちょうどこれと裏腹のものであり、オンライン化が従来の教会について、そして（礼拝を含む）その活動の質や量について、新たに振り返る機会を与えてくれたことを積極的に受けとめ、従来とは異なる教会のあり方、また信仰生活のあり方を模索しようとするものである。この場合、概してオンライン化は当事者が教会に対して柔軟かつ緩やかなかたちで関わるための選択肢として評価される一方、従来の教会のあり方や活動、とくに奉仕や交わりといった面に対して、その質や量の両面において、批判的な視点を含む反省が浮かび上がってくるということもある。後者の点について指摘している複数の自由記述を見てみよう。

・実は教会生活に疲れていたんだと実感した。
・年齢的なこともあり、これまで精力的にやってきた奉仕を見直す機会になった。活動量や奉仕の機会が減ったことで一瞬自分が不信仰

に感じられたが、霊的面の衰退ではない事にも気が付き、これまで
にも（集会参加と同様に）奉仕したくてもできない環境の方々もお
られることに気付かされた。奉仕者が信仰が強いわけではなく個人
の家庭環境や状況を考慮して交流を持つべきだとも感じた。（中略）
また教会生活を優先しすぎて家庭がおろそかになっていたことにも
気づかされ、家族への奉仕や、神の宮でもある自分自身の健康にも
目を向けることができるようになった。

　これらの意見からうかがわれることは、従来の教会へのコミット
メントの負担の大きさにあらためて気づかされたということであろ
う。コロナ禍とオンライン化が生んだ、教会と信仰生活におけるあ
る意味でのモラトリアムの期間に生じた振り返りから、新たな「発
見」や「気づき」が与えられたのである。この点は、次の自由記述
の意見が端的に指摘しているとおりである。

　・これまでも教会の中に、問題としてあったことが、コロナ禍を通し
　　て顕在化し、気づきが与えられたことが多くある。今後、それをど
　　のようにコロナ後の教会につなげていくのかが大切であると考えて
　　いる。

　教会の中にいつでもさまざまな問題があることは事実である。そ
れらに向き合うことで、教会とキリスト者が自らを改革し刷新しな
がら今日まで歩み続けてきたことも事実である。だから確かに「今
後、それをどのようにコロナ後の教会につなげていくのかが大切で
ある」ことは間違いないのだが、ここで注目したいのは、オンライ
ンという技術・方法の出現が、従来は何らかの問題に教会が取り組

んできた際の前提となるもの、すなわちいずれにしても教会という物理的な場、対面礼拝という設定、教会のメンバーが顔と顔を合わせて関わり合うことを当然としてきた暗黙の了解ともいうべき諸前提そのものを覆すような状態を現出せしめたことである。

　言うまでもなく、個々の信仰者が教会に対してどのようにコミットするか（どの程度の〝距離〟を取るか）、また信徒同士の関係においてどのように振る舞うかといった問題は、現実にはこれまでにも存在していたわけだが、オンライン礼拝の登場は教会や信仰生活における従来の前提そのものを再考させる契機となり、これまでとは格段に違ったレベルで教会のあり方や活動、またそれらに対する教会員の関わりそのものを再考させる具体的な契機（そして手段）となったように思う。たとえば、次のような自由記述の中にはそうした意識が反映しているのではないだろうか。

・教会共同体とは、実際に集まり交わることを必須としてよいのかという疑問。不必要な教会文化は見直す必要があると思う。愛餐、バザー、などなど。自らの交わりよりも、教会外の方々との交わりをいかに構築していくかが課題だと考える。
・「出かけること／人と直接かかわること」に必要とされる体力は減っているように思う。教会でのさまざまなプログラムの淘汰は進んでいくと思う。その流れを歓迎しつつも、「無駄に思われること」が削られすぎてしまうことも心配。一見すると労力が必要とされ、無駄に思われることの中に、大いに学ぶことがあるとも思うから。

　このように今までの自分の教会や信仰生活を見直すという姿勢は、やはりオンライン化から生じた、他のさまざまな教会の礼拝などの情報に容易に接する機会が与えられたことによっても、さらに

促進される面があるように思う。アンケートの中の「自分の所属する教会（普段出席している教会）以外の礼拝や活動に触れることは？」という問いに対する回答でも「増えた」が50％に達しているが、その大半はオンラインを通してのことだったと思われる。自由記述の中にも、このように他教会から与えられた気づきや影響を踏まえて、これまでとは異なる教会や信仰生活のあり方を模索する意見が複数寄せられていたが、その中にはさらに一歩を進めて、教会から（一時的にせよ？）遠ざかることや教会を替わること（転会）を示唆する意見も含まれていた。

・以前は、無理して牧師や教会に合わせてきたように思う。今まで気が付かなかったけれど、私の知的能力では、聖書は、難しすぎた。それに気がついた瞬間から、無理して合わせることに疲れた。今は、コロナ禍で、自分にゆっくり向き合うことができて良かったなあと思えている。それもあり、コロナ後は、教会とは、距離を置きたいと思っている。

・オンライン礼拝やホームページを見て転会したい教会を見つけたこと、SNSでつながりが増えたことで、トラブルがあったり、逆にとても良いつながりを得られたりした。対面だけでは距離的に参加できない礼拝にオンライン参加できたことで、霊的にも良かったと思う。教会によくある人間関係のいざこざが減るという意味ではオンラインも良いと思う。共同体の概念を教会も集う人も刷新した方が良いと思った。

・このコロナ禍を機に、10年ほど通っていた単立の教会は牧師と各個人の縦のつながりはあっても兄弟姉妹同士の横のつながりが薄いことに気づき（この非常時に特に婦人会が機能していなかった）、ファミ

リー・夫婦層が多い中で寂しさを痛切に感じてしばらく離れること
にしました（オンライン礼拝の形式が快適になってきたことも理由の一
つにあります）。

・今はいくつかの教会のオンライン礼拝に与っていますが、メッセー
ジ内容を他の方と分かち合えないのが難点ですね。信仰を同じくす
る兄弟姉妹とのリアルなつながりはやはり大事だと思うので、いず
れまたどこかの教会につながれたら、と思います。が、今は腰が重
く、しばらくはこのままオンライン礼拝を続行することになるかと。

　繰り返しになるが、これらの意見はオンライン化によって生まれ
たものというわけではなく、もともと存在していた問題や意識がコ
ロナ禍とオンライン化によって顕在化したものと見なすべきであろ
う。
　あらためて振り返ってみると、日本のキリスト教においては、概
して個々の信仰者に求められる教会へのコミットメントや日常的な
信仰生活に求められる物心両面の負担は相当程度に大きなものだっ
たのかも知れない。礼拝やさまざまな奉仕に費やす時間や身体的な
負担、聖書や教義の理解などに要する知的精神的な負担、また日常
の生活や行動においてキリスト者として求められる高い自意識や倫
理性といった負担は、とりわけ日本社会において教会とキリスト者
がつねにマイノリティであったという背景のもとで、誠実に真剣に
振る舞おうとすればするほど大きなものがあったのではないだろう
か。
　今回のコロナ禍におけるオンライン礼拝の実施は、今まで当然視
されてきたこうした高いコミットメントを要請する教会の実態を明
らかにした面があったと言えるだろう。そして、「ネットでも礼拝
参加が可能なのだ」という体験は緊密で濃厚なコミットメントに負

担を感じていた人々からすれば、朗報として受けとめられたのではなかろうか。先に引用した複数のアンケートの回答はその事実を裏づけているもののように思われる。

III.　コロナ禍とキリスト教〜教会論からの問い

　以上述べてきたことを要約すると、オンライン礼拝の実践に対して大半の体験者はとりあえず一定の評価をするものの、その先の問題、すなわちこれからの教会、これからの信仰生活ということを考えていくと、その評価や判断には大きな分岐が生じていくと考えられる。それは、一方において、従来の教会や信仰生活を前提とした上で、今後の課題を考えていく方向、すなわち「どうしたらこれまでのやり方を継承できるか、回復できるか、その延長線上で、どのようにより良い教会形成を行っていくか」という課題設定に向かう方向であろう。他方は、オンライン化によって与えられた新たな気づきと具体的な可能性のもとで、従来の教会や信仰生活の前提そのものを問い直し、オンライン化のさらなる活用などを通してこれまでとは別の選択肢を模索する方向へ向かうというものである。

　いずれの立場もそれぞれのキリスト教に対する関心・関与という点では共通するものの、あえて対立項を立てるとすれば、前者の方向性は教会の共同体性や活動を尊重する傾向をもつのに対し、後者の方向性はむしろ個人の立場や状況を優先させる傾向をもつと言えるかも知れない。また前者が信徒間の交わり（人間関係）を積極的に受けとめるとすれば、後者は抑制的で限定的な関係を志向することになるかも知れない。こうした両者の方向性や傾向性の相違をイメージ的なキーワードで表すとすれば、前者の特徴は「集団・直接・緊密・濃厚」などといった言葉で、後者は「個別・間接的・緩

やか・淡泊」といった言葉で表現できるのではないだろうか。

さてここでは議論を十分に展開する余地がないのだが、つまるところ今回のコロナ禍が日本の教会とキリスト者に投げかけた本質的な問題は「教会におけるオンラインの活用」といった議論にとどまるものではなく、ICT 化が進む一方で恒常的に様々な危機に取りまかれている現代社会の中にあって（コロナ禍もそうした諸々の危機のひとつに過ぎないとも言える）、私たちが「どのような教会形成をめざすか」「どのような信仰生活のスタイルをめざすか」、そしてそれと必然的にリンクして「どのようなキリスト教信仰をめざすか」「どのようなキリスト者を育んでいくのか」、そのためには「どのような礼拝を行うのか、活動を行うのか」というキリスト教の根幹に関わる問いであると思う。神学的に言えば、それはまさに「教会論」をめぐる問いなのである。

この問題をあえて二者択一的に単純化して示すとすれば、従来型の教会と信仰生活のスタイルを今後ともキリスト教の基準・規範とみなすのか、あるいは、それと並ぶ新たな可能性（別の選択肢）として「オンライン教会・オンライン礼拝・オンライン信仰」というべきキリスト教を想定し受容すべきなのかという問題として提示することもできるだろう。もちろん両者を対立的なものとして位置づける必要はないし、両者の間に「礼拝のハイブリッド」に見られるようないくつかのバリエーションを想定することは可能であろう。アンケート結果からは対面礼拝とオンライン礼拝のハイブリッドの継続を望む回答が多く寄せられたていたが、その多くは実質的に対面を主としオンラインを従とするものとしての賛成だったように思う。

しかしハイブリッドの場合も、長期的な視点から見るならば、たとえばオンライン礼拝の参加者が増加し、対面の参加者と拮抗す

る、もしくはそれを凌ぐようになっていった場合、はたしてどんな
ことが起こるのだろう。先ほどのキーワードで言えば、ひとつの教
会の中に「集団・直接・緊密・濃厚」といった方向を尊重する人々
と「個別・間接的・緩やか・淡泊」を求める人々が併存するように
なった時、両者の関係はどうなるのだろう。遅かれ早かれ、そこで
問われることになるのはやはり「教会論」の問題であり、その教会
におけるキリスト教そのものの理解をめぐる問題なのではないだろ
うか。

　コロナ禍という予期しなかった事態を契機として、この数年で日
本の教会ICT化はたしかに一部で大きく進んだように見える。し
かしそれは私たちが一時期予想していたほど大きな変化ではなかっ
たようにも思われる。それは教会という組織が「怠慢」あるいは
「鈍感」であることのしるしなのだろうか（確かにそれは否定でき
ないかも知れない）。それとも教会はあえてICT化に距離をおくこ
とを選びとったということなのだろうか（たとえ結果的にであった
としても）。オンライン礼拝ひとつを取り上げても、それを高く評価
する見方もあれば、それが礼拝の何か大切なものを失わせてしまっ
たことを批判する意見もあるように、それらの立場や意見の根底に
あるのは、やはりそれぞれの教会や信仰者のキリスト教に対する理
解でありまた願いなのである。

　繰り返しになるが、コロナ禍が私たちに問うた最も大きな課題
は、オンライン礼拝やICT技術の活用に関わる問題にとどまるも
のではない。それはむしろコロナに象徴されるこの時代と世界のも
とで、私たちがキリスト教というもの、福音というものを、あらた
めてもう一度見つめ直し、自らのあり方と立ち位置、そして進むべ
き方向を定め直すことにこそあるのだと思う。

オンライン礼拝についての神学的考察
〜アンケートの分析を通して〜

関西学院大学神学部教授

中道基夫

Ⅰ. 過去2年間を振り返って

　2020年1月末ごろから本格的に新型コロナウイルス感染症拡大のニュースが報道されはじめた。その当時は、単なるインフルエンザの流行ではないという危機感、しかも非日常的かつ全世界的な大惨事に対する不安を持ちつつも、同時に数カ月すれば収拾するのだろうという楽観的な思いも持っていた。しかしクラスターが報道のターゲットになり、有名人の死亡などがクローズアップされると、恐れと「自粛」という力が働いて、さまざまな催し物が中止されていった。教会も例外ではなかった。2020年4月7日には東京、神奈川、埼玉、千葉、大阪、兵庫、福岡の7都府県に緊急事態宣言が発出され、4月16日にはその対象が全国に拡大された。海外では都市がロックダウンされ、日本では商業施設をはじめ、学校にも休業要請が出されたのは衝撃であった。今回のアンケート (1) では、この時期に、ほぼ93%の教会が礼拝を休止するか、礼拝形式を変えている。7%の教会が従来の礼拝を継続したと答えている。その中で特筆すべきは、その半数近くが聖餐式は中止するか、方法を変えていることである。

　あの異常な雰囲気から2年が過ぎ、日本における感染者数は第7波を迎え、過去最高の20万にまで及ぼうとしている（2022年7月

末現在)。しかし、緊急事態宣言が発出されることもなく、かつての
ようなパニック状態ではない。マスク、手指消毒などの感染予防は
なされつつも徐々に日常を取り戻しつつある。世界的なパンデミッ
クが叫ばれて2年が経ち、4回の緊急事態宣言の発令を聞き、その
間に普段聞き慣れない α（アルファ）や β（ベータ）、ο（オミクロ
ン）というギリシャ語のアルファベットがつけられたさまざまな変
異株の名前が叫ばれ、2022年7月末段階では、80%以上の国民が
ワクチンを2回接種し、60%以上の人が3回目を接種している。

　コロナ禍における教会の全体像を見るには、もう少し時間がかか
ると思われる。今後どのような展開になるかは予想がつかない。し
かしながら今回のアンケートからこれまでの2年半を概観し、暫定
的に大きく三つに区分することができるのではないだろうか。

　教会の対応の変化を概観するため、アンケート（3)「　従来とは
（一部または全部）異なるかたちに変えて行っている」教会に、従来
とは異なる礼拝を始めた時期を問う問いに対する回答（自由記述、
74頁以降の集計結果では割愛）に注目してみたい。2020年3月の時
点で礼拝を休止・形式変更を行った教会が約31%、4月の緊急事態
宣言が発出された時点では＋34%（計75%）であった（ただし、回
答には曖昧な記述があり、また「3月の緊急事態宣言」というような記
述があるために必ずしも正確な数字ではない）。とにかく、日本のほ
とんどの教会が第1回目の緊急事態宣言（2020年4月7日〜5月25
日）を契機に礼拝形式を大きく変えたことがうかがえる。しかもそ
れが1回きりではなく、感染状況に応じて変化してきたという記述
が目につく。

　5月末に緊急事態宣言が解除された段階、もしくは2020年8月
の感染者数のピークを越えたあたりから、徐々に教会間、牧師間の
交流も再開され、各地区や教会間でこれまでの対応に対する振り返

りが始まっていったように思う。教会の中でオンライン配信についての情報が増え、それぞれの教会で技術、経験が高まっていった時期ではなかったであろうか。礼拝のオンライン配信も 20 〜 30 回と経験を重ねてくるとさまざまな発見と反省点が語られるようになっていた。

　今回のアンケートでは、オンライン配信の方式や内容の変化の時期について詳細には調査していないためにはっきりしたことは言えないが、2020 年 6 月以降、オンライン配信の技術が本格的に教会に導入され、来会者数を制限した対面礼拝とオンライン礼拝を併用するハイブリッド型の礼拝が登場する第 2 期を迎えることになる。この発展に拍車をかけたのが 2020 年 12 月のクリスマス・イブ礼拝、クリスマス礼拝への対応ではなかったであろうか。

　その後、2021 年 1 月から 3 月にかけて第 2 回緊急事態宣言、続いて 4 月末から 6 月にかけて第 3 回緊急事態宣言が発出されると、第 1 回目の緊急事態宣言時をはるかに上回る感染者数であったにもかかわらず、社会の中にも経済活動と感染予防を両立させる雰囲気が高まってきた。教会も礼拝を休止ばかりしておれないので本格的に礼拝のオンライン配信に取り組むようになってきたのではないだろうか。2021 年 7 月からの感染者数はこれまでのものをはるかに上回るものであったが、社会や教会が緊急事態に慣れてきたのではないかと思う。

　以上、ここ 2 年程の推移を概観したが、この時期を礼拝の持ち方のみで区分すると、

　1. 2020 年 3 月〜 5 月　緊急対応期
　2. 2020 年 6 月〜 12 月　礼拝のオンライン配信発展期
　3. 2021 年 1 月以降　礼拝の対面・オンライン配信の定着期
　と大別できるのではないだろうか。

Ⅱ. オンライン礼拝への評価

　最初は緊急避難的に導入された礼拝のオンライン配信も、常態化してくると、さまざまな意見が出てきた。今回のアンケートにおいても、他のさまざまなアンケートにおいても、またいくつかの教会の反応においてもその良い点、悪い点が指摘されている。今回のアンケート（3-10）においては、礼拝のオンライン配信をともなう「現在の礼拝に満足している（特に問題がない）」が23.6%、「懸念・心配を感じることがある」が26.7%と、ほぼ半数の人が問題を感じつつも積極的に評価している。「ほんとうは望ましくない（やはり従来の礼拝のかたちが望ましい）」が30.8%であり、それ以外にも否定的な意見が寄せられている。しかしながら、「コロナ禍の収束後、教会の礼拝はどういうかたちが望ましいと思いますか？」（3-12）という問いには、87%が「対面とオンラインの併用」を望んでいる。「その理由は何ですか？」という問いには、病気の方、高齢者や事情があって教会に来られない方にとっては、オンライン配信は有意義な手段であること、また伝道の有効な手段であることが主たる理由として回答されている。

　以上、アンケートの結果をもとにこの2年間の傾向を大雑把に概観したが、この2年間の教会の対応がどうであったのか振り返るよりも、コロナ禍後であっても87%が「対面とオンラインの併用」を望んでいる状況を「パイエティ」というキーワードを通じて神学的な分析を加えてみたいと思う。その上で、オンライン礼拝の意味についても考察する。

Ⅲ. パイエティの問題としての礼拝のオンライン化

①オンライン礼拝か、礼拝のオンライン配信か

　パイエティの問題に入る前に、この二つの言葉「オンライン礼拝」と「礼拝のオンライン配信」について考えたい。

　アンケート（3-4）では、礼拝のリアルタイムの配信は 29.2% であるが、アーカイブを用いて一定期間視聴可能にしているのは 70% 近くある。これは「オンライン礼拝」なのだろうか、それとも「礼拝のオンライン配信」なのだろうか。

　従来でも、礼拝出席の補完的手段として、説教テープの頒布、貸出、説教原稿・要旨の頒布が行われていた。それに加えて、最近のインターネットの発展に伴い、説教原稿や音声、映像を礼拝に来られなかった人や伝道のためにオンライン上にアップロードしていた教会や牧師は少なくない。しかし、それらは礼拝出席の補完的な手段、説教テープの頒布の進化版であって、それをもってオンライン礼拝（視聴することで礼拝したことになる）とは言っていなかったはずである。

　しかしながら、コロナ禍とオンライン環境の発展によって、リアルタイムに家にいながら礼拝を見ることができる方法と技術、またオンライン上で映像と共に多人数の人たちと双方向にコミュニケーションができる可能性が一般の生活の中に急激に突入し、今や電話に匹敵する通信手段となってきた。この変化の中で、「オンライン礼拝」という言葉が使われるようになってきた。そして、牧師や司式者は、礼拝の祈りにおいてオンライン礼拝出席者に配慮した表現を使っている。教会が礼拝参加の自粛を呼びかけ、オンラインによる礼拝視聴を推奨している状況において、「オンライン上の礼拝視聴は礼拝なのか」という神学的議論をするまでもなく、礼拝参加者

として定義していったのであろう。また、実際に経験した人々の肯定的な反応がさらに「オンライン礼拝」という概念に拍車をかけることになったと思われる。実際にオンライン礼拝視聴者をその日の出席者に含めている教会がどれくらいあるのか聞いてみたい。

　しかし、「オンライン礼拝」と「礼拝のオンライン配信」の違いは、コロナ禍の収束後の礼拝のあり方として、議論しておくべきことではないかと考えている。これまで緊急対応的な手段として講じられていた礼拝のオンライン配信が、日常化していくと意味がまったく違ってくる。それに、おそらく、これから技術や機材がさらに発展して、もっと簡単に、オンライン上の礼拝の音や映像はさらに鮮明になってくるであろう。そうなると、このような議論よりも技術、機材、効果の話に翻弄されることになるのではないかと危惧している。

　私自身は、オンライン配信の導入や促進に否定的なわけではない。むしろ教会は積極的に用いるべきだと思っている。しかし、「オンライン礼拝」と「礼拝のオンライン配信」は明確に区別しておくべきだと考えている。

　礼拝とは何かという議論を経て、礼拝のオンライン配信を導入したのではない。しかし、緊急対応として導入したものが2年間続けられ、常態化すると、これまでの礼拝論を覆す実態をどのように受け止めるのかという問いに直面することになる。「対面」と「オンライン」の併用ということが言われるが、礼拝における対面とは、単に牧師の顔を見る、礼拝参加者の顔を見るだけではなく、神の「御顔」を拝する場であることを忘れてはならない。「主の選ばれる場所にあなたの神、主の御顔を拝するために全イスラエルが集まるとき、あなたはこの律法を全イスラエルの前で読み聞かせねばならない」（申命記 31:11）とあるように、礼拝とは神の御顔を拝する場

である。礼拝での賛美は、みんなで一緒に歌を歌っているのではない。その場におられる神の御顔を拝して賛美しているという終末論的な意味を失ってはならない。ただこういう礼拝論が宙に浮くような礼拝の実態が迫りつつある。ここに「パイエティ」の問題がある。

②パイエティ

　Piety（パイエティ）という言葉は、なかなか日本語には訳しづらい言葉である。ホワイト『プロテスタント教会の礼拝』（越川弘英監訳、日本キリスト教団出版局）では、「信仰行為」と訳され、「会衆が神と交わる形のことであり、また相互に交わる形のこと」（28頁）と説明されている。その形、またそれが意味するところは、歴史において、また地域、教派において多種多様である。

　日本の教会の中で、信仰深さ、信仰を表す行為がいくつかあった。それは、身なりを整えて礼拝に出席し、前の方に座る、聖餐式を重視し、月定献金は第1主日に新札で用意する、賛美歌を大きな声で歌うということであった。教会生活においても、集会への積極的な参加、礼拝堂の掃除、献身的な奉仕が推奨された。そういう信仰姿勢を先輩の信仰者たちからいくつも学んだものである。そして何よりもその中心に聖日礼拝を厳守するという礼拝姿勢があった。このようなパイエティによって、これまで日本の教会は導かれ、支えられてきたのではないだろうか。

　しかし、このパイエティがコロナ禍の中で崩壊した。礼拝の出席が制限され、賛美歌を歌うことも制限された。集会も中止したり、縮小したりした。さらにオンライン献金などが導入されると、便利にはなるが、礼拝で献げるという意味が失われ、献金が世俗化していく。献金も神さまに献げるというよりも教会の維持会費的な印象

が強くなってきた。コロナ禍以降スマホやカードでの支払いが一般化する中で、財布を持たない人々が多くなってくる。すると献金は意識的に用意しなければならない特別なものという印象が強くなる。日曜日に教会に行くためにすべてを整えていた生活から、礼拝出席が難しければ家のコンピュータやスマホを見ながら礼拝できる時代へと変わっていく。オンライン礼拝は、そもそも日曜日に礼拝をする意味がどこにあるのかというキリスト教の基本的なパイエティさえも崩しかねない。「週の初めの日、朝早く……」（ヨハネ 20:1）とイエスの復活と日曜日との関係について説明したところで、その礼拝の内実が、その説明と合致していなければ、単なる昔の礼拝に関する蘊蓄に過ぎなくなってしまう。おそらくほとんどの人が、日曜日は休みだから礼拝に行くのだと考えている。貴重な休みを犠牲にしてまで、毎週、朝早く礼拝に出席しないといけないのかという疑問さえ出てくる。

　パイエティは変化するものであるから、現状を嘆かわしい状況であるとは思わない。むしろ、過去のパイエティが限界を迎えており、コロナ禍によってメッキが剥がれ落ち、教会や礼拝の本質が問われ始めているのではないだろうか。形骸化し、硬直化していたパイエティが崩れたのはむしろ良い機会だと思われる。聖日厳守主義も力を持たなくなっている。ただ、これまで教会を支えていたパイエティが崩壊した後に、それに代わるパイエティが生み出され、そしてそのパイエティが教会を育て、信仰を継承する力を持つのかということが問われているのである。便利で、効果をもたらすものに引っ張られていくならば、神の信仰を失い、金の子牛を拝むようなことにならないのだろうかという心配がないわけではない。

　40 年前、ワープロが世間に出始めたとき、一人の信徒の方が若い伝道師であった私に「最近、ワープロで手紙を書いてくる牧師がい

る」と嘆いてこられたのを思い出す。そのことを先輩の牧師に話す
と「せめて、手紙の最後の署名だけは手書きにした方がいい」とい
うアドバイスを受けたことも思い出す。今はこんな会話さえまった
く意味がなくなってしまった。今の若い人たちには、この会話の意
味さえも分からないだろう。

　おそらく、コロナ禍が収束し、今回のアンケートにあるように
「対面とオンラインを併用する礼拝」が推進されると、大きくいろ
いろなことが変わっていくことであろう。時代遅れのパイエティは
崩れ去ることはいいことであるが、それに代わるパイエティを生み
出していく基礎となるものをもう一度見いださなければならない。

Ⅳ. Virtual Reality としての礼拝

　オンライン礼拝は本物の礼拝ではないという意見がある。もちろ
ん「本物の礼拝」とは何かという議論をしなければならないが、オ
ンライン礼拝は、従来の対面の礼拝とは違う「仮に礼拝として考え
てみた」礼拝、つまり仮想的な礼拝と考えられているところがある。

　その一方で、オンライン礼拝をバーチャル・リアリティとしての
礼拝と捉えられなくもない。バーチャル・リアリティ（仮想現実）
というのは、現実世界とは異なるが、人間にとっては、現実世界と
同様に知覚可能で、実質的には現実世界と変わりがないものという
意味を持っている。ここに仮想的な礼拝（仮の礼拝）と、バーチャ
ル・リアリティとしての礼拝（現実の礼拝と変わりがない礼拝）との
違いがある。

　バーチャル・リアリティ体験というものは、そもそも人間の創
造・芸術的な活動の原点である。例えば、実際に１本の花が咲いて
いる。その花を人は絵に描いた。そして、その絵を見て、そこには

存在しない実際の花に思いを馳せる。それは、バーチャル・リアリティ的な体験である。その花は、絵画で、音楽で、彫刻で、詩や俳句で表現されてきた。そして、メディアが進歩してくると写真で、映像で、それも実際の色や立体性を感じることができるように表現されるようになった。高臨場感メディアによって、仮想ではあるけれども実際にそこに花があるように、まるでその花の前に立ち、その花に触れることができるかのような経験も可能になってきた。

　そもそも、礼拝自身が神の国のバーチャル・リアリティと言えるのではないか。つまり、礼拝とは神の国そのものではないが、礼拝者はこの世にいながら、礼拝において神の国を知覚することができ、まさに今ここで神の国を経験していると言える。

　ところが、オンライン礼拝の議論をするときには、この神の国のバーチャル・リアリティとしての礼拝の意味が薄れたのではないか。これまで行ってきた人間の営みとしての礼拝自身が、最終的で、本質的にキリスト者が経験すべき目的となってしまい、神の国のバーチャル・リアリティ体験、つまり礼拝の終末論的な意味が損なわれていたのではないかと思われる。オンライン礼拝で問題にすべきなのは、対面の礼拝のリアリティではなく、神の国のリアリティである。神の国のリアリティであるからこそ、目の前には見えない神に祈り、賛美をし、見えないイエスについて語ることに意味がある。もしそうでなければ、単なる人間的なメッセージを聞き、古い歌を歌う会に過ぎない。

　しかし、この一方で「貧弱なメディアに満足していると、人はその感性を麻痺させてしまい、結果として文化そのものも貧弱になる」（原島博「文化と芸術を生み出すVR」、日本バーチャルリアリティ学会編『バーチャルリアリティ学』、コロナ社、2010年、338頁）という指摘がある。つまり、オンライン礼拝もしくはそのリソースとな

っている礼拝そのものが、貧弱なメディアであるならば、礼拝者はその感性が麻痺し、神の国のリアリティ体験も貧弱になってしまうという可能性を持つ。「貧弱なメディア」とは映像や音声のクオリティや通信速度だけではなく、その内容そのものの質こそが問題である。

V. 他者と「共にある」礼拝とは

オンライン礼拝の問題としてあげられるのが、礼拝の共同体性である。礼拝が、「人々は、東から西から、また南から北から来て、神の国で宴会の席に着く」（ルカ 13:29）という、神の国のバーチャル・リアリティであるならば、そこに人と共にいるということが重要である。一人で視聴しているオンライン礼拝が、はたして他者と共にある共同体性を持つ礼拝かどうかが問われねばならない。

他者と共にいるということはいったいどういうことなのであろうか。また、対面の礼拝において、誰かの横に座っていても、はたしてそれは他者と共にいるということになっているのであろうか。藤井真樹は『他者と「共にある」とはどういうことか　実感としての「つながり」』（ミネルヴァ書房、2019 年）において、他者との関わり、他者と共にいることについて以下のように論じている。藤井は、かかわりの「手応え」を手がかりとして、単に言葉を交わしたとか、同じ空間にいたということではなく、その人と「かかわった」という経験について考察している。礼拝においても、また教会の集会において「かかわったという手応え」が明確に身体の次元で必要であり、それがないのであればその関係性は希薄なものであると言える。かかわりの場にある質的世界：相手との「あいだ」に漂う空気感を大切にし、「あいだ」に導かれるように振る舞っていくこと、言語的情報が正しく伝えらえたということではなく、「その場が二

人でいるという空気で満たされている」という感じが重要になる。そこで共有する感情は、心という内面に閉じ込められてはおらず、そこからあふれでて、空間的なものとして周囲に伸び広がっている。世界が表情をおびる。こうした「表情」をおびた世界——質感的世界——が、ただそこにいるのみではなく、各々がノエシス的行為者としての身体を生きる中でしか開かれてこない。二者のノエシス的行為が折り合わさってメタノエシス的機能が働くとき、「あいだ」が息づき、「あいだ」そのものによって身体が導かれていくような事態が生じる。このメタノエシス的機能が、「つながり」の形成に重要な意味を持っている。

　このことを礼拝にあてはめるならば、以下のことが言えるのではないだろうか。複数の人が礼拝堂に集まって礼拝に参加している。それぞれどのような思いで礼拝に参加し、何を願い、何を求め、何を祈っているのか分からない。それぞれの礼拝での役割や行動はバラバラで、必ずしも同じ行為をしているとは限らない。しかし、各々がなしているノエシス的行為（その場にいて、賛美し、祈り、聞くという行為）が折り合わさって、神の国を表すというメタノエシス的機能が働くとき、そこに「あいだ」が息づき、「あいだ」そのものによって身体が導かれていくような事態が生じる。このメタノエシス的機能が、「共にある」礼拝を形成するのに重要な意味を持つ。

　この「あいだ」、礼拝に表情をもたらせるものが「聖霊」ではないだろうか。神学的には、他者と共にある礼拝をもたらせるのは、まさに聖霊の働きである。しかし、その聖霊の働きは、各自のノエシス的行為が、神の国のメタノエシス的機能によって導かれるときに生じる。ペンテコステのとき、そこにいた人たちは違う言葉で語り合った。つまり、各自は各々違うノエシス的行為を行っているの

であるが、同じ福音を語るというメタノエシス的機能が働いているのである。

　ボンヘッファーが「キリスト者の交わりは、ただイエス・キリストにのみ基づいているので、それは〈霊的な〉（pneumatisch）現実であって、〈心的―人間的な〉（psychisch）現実ではない」（ディートリヒ・ボンヘッファー『共に生きる生活』）と語るように、聖霊によってもたらされる他者と共にいる経験としての礼拝の意味が問い直され、それが実感できる礼拝を目指さなければならない。

　オンライン礼拝が「他者と『共にある』礼拝」となるのは、礼拝参加者のみならずオンライン礼拝参加者のノエシス的行為が、礼拝のメタノエシス的機能によって導かれるときである。オンライン礼拝参加者が単に礼拝番組を一方通行的に視聴するのではなく、どのように礼拝に参与し、対面での礼拝参加者と同様ノエシス的行為者であるかどうかが、重要なポイントとなる。それのみならず、礼拝そのものの質、聖霊に導かれた表情をおびた場〈霊的な現実〉を共有しているかが問われる。

おわりに

　コロナ禍は、日本の教会だけではなく、世界の教会に、そして教会史、神学にも多大な影響を与えるものである。社会がポストコロナ時代において急速な変化を遂げようとしている。DX（デジタルトランスフォーメーション）ということが言われ、技術革新だけではなく、生活や社会の文化や風土そのものの変革が叫ばれている。教会の中にもその波は押し寄せ、資金と技術力、人材が整えられた教会では、メタバース（オンライン上に構成される三次元的仮想空間）を用いた礼拝も導入されるかもしれない。

しかし、教会の根本的な使命、礼拝とはいったい何を行っているのかということがしっかりと理解され、その表れとして新しい技術が取り入れられるのではなければ、効果と数字的な結果に翻弄されることになるであろう。

また逆にコロナ禍が収束し、2019年に行っていた教会活動に戻ったことに安堵しているならば、おそらく教会は硬直化してしまうであろう。昔の形式が問題なのではなく、このコロナ禍の中で問われたことに真摯に向き合い、教会のコアコンピタンスとは何なのか、礼拝とはいったい何をしているところなのかをもう一度問い直し、その本質に基づいた改革がなされなければならない。

追補　ドイツの教会と比較して

ドイツの教会と日本の教会ではその社会的立場や構造が違うので簡単に比較することは難しい。ドイツの教会はキリスト教史のメインストリームを担ってきたからといって無条件にドイツの教会のあり方の方が正しいということも言えない。しかし、違う教会と比較してみることによって、日本の教会の姿を少し客観的に捉えることができる。そして、そのような経験は私たちを少し解放し、自由な考えへと導いてくれる。

ただドイツの教会といっても、州教会レベルでの取り組みと各個教会の取り組みで違っており、一言で語れるものではない。ここでは、ドイツにおける教会とディアコニア（キリスト教社会福祉）と宣教の革新的な展開を模索するサイト "midi"（missionarisch-diakonisch の頭文字）https://www.mi-di.de/ に掲載されている「コロナ禍におけるデジタル宣教」という報告書からドイツの状況の概略を紹介する。この調査報告書は我々の調査と同じような内容のアンケートの

結果の紹介とその分析であるので、比較してみるのにふさわしいものであると言える。

　この調査は第1回ロックダウン（LDW1　2020年の夏から秋）、第1回ロックダウン後、第2回ロックダウン（LDW2　2020年冬から2021年春）における教会の対応を対象としている。いくつかの項目についての結果を列挙し、概観する。

礼拝形式

- LDW1　対面のみ：46.6％、ハイブリッド（同時）：12％、　対面と礼拝後配信：41.4％
- LDW2　対面のみ：35.3％、ハイブリッド（同時）：14.7％、　対面と礼拝後配信：50％

　この結果から見るならば、第2回のロックダウンでは対面での礼拝は若干少なくなったものの、ロックダウン時でも90％近くの教会が対面で礼拝を行っており、対面礼拝重視の傾向が伺える。それに対して、礼拝の同時配信は12〜14％と意外と少なく、礼拝録画のYouTubeなどを通した配信が圧倒的に多いことが伺える。聖餐式に関しても、LDW1後に行った教会は52.5％、LDW2においても47.4％に及ぶという報告からすると日本の教会の聖餐式執行率はかなり低いものであると言える。ただし、ドイツの聖餐式もLDW1では対面では0％、オンライン上は12.3％であるが、少し落ち着いたLDW1後には、46.4％が対面、16.4％が創造的な新しい形式、17.7％がオンラインで行っている。LDW2でも、38.6％が対面、15.7％が創造的な新しい形式、19.3％がオンラインである。対面で礼拝を行うことの重視がここでもうかがえるとともに、聖餐式へのこだわりがある。一方で、これをきっかけに創造的な新

しい形式（家庭での陪餐）などが生み出されていることは注目すべき点であろう。しかし、これも全体的な傾向から見るならば緊急避難的な対策であり、こちらが主流になるとは考えられない。

オンライン配信形式

- LDW1　礼拝：425 件、配信用に作成された短い礼拝：215 件、さらに簡略化された礼拝：197 件
- LDW1 後　礼拝：295 件、配信用に作成された短い礼拝 152 件、さらに簡略化された礼拝：132 件
- LDW2　礼拝：398 件、配信用に作成された短い礼拝：163 件、さらに簡略化された礼拝：143 件

　この統計では、一般の礼拝のオンライン配信とは違うオンライン配信用に作られた礼拝の存在が目をひく。この「短い礼拝、簡略化された礼拝」には礼拝を表す"Gottesdienst"とは区別して"Andacht"という言葉が使われており、祈りや聖書朗読、賛美歌、短い説教などによって構成される信仰の養いや霊的・宗教的観想のためにもたれるものである。礼拝をそのまま配信するのではなく、オンラインで視聴することを目的とし、視覚的・音質的にも整えられた"Andacht"を配信していたものと思われる。ここに教会で行われる礼拝とオンラインで視聴するために質的に整えられた短い宣教的な「番組」との区別がなされている。

　ドイツの知り合いの牧師に尋ねたところ、その教会ではもはや礼拝のオンライン配信はしていないということである。その一方で、オンラインを宣教的に積極的に用い、オンライン配信用のビデオ"Andacht"の取り組みも始まっているとのことであった（例えば、https://www.for-your-soul.de）。1 時間におよぶオンライン視聴は

疲れ、効果的ではないとの調査に基づき、配信する側の満足ではなく、視聴される、選ばれる番組でなければならないとの判断である。オンライン配信は礼拝ではなく宣教であると言える。

　ドイツの教会と日本の教会との違いを概観してみると互いの必要と取り組みの課題が見えてくる。また、同時にお互いの問題点も明らかになる。

	ドイツ	日本
教会と居住地	歩いて行ける範囲	交通機関・費を用いて通う
教会の選択	居住地によって定められる	自由な選択
教会との関係	縛られていない	関係性は強く、自分の教会という意識が強い
教会の経済	教会税による	各個教会の信徒の献金
礼拝出席者	高齢化 教会員の 4% 程度	高齢化 教会員の 50% 程度 （日本基督教団の平均）
テレビ礼拝	公共放送 日曜 9 時半から 45 分程度	無し
課題	キリスト教への関心を高める	教会との関係性と関心の維持・強化

　ドイツではテレビ礼拝放送後午後6時まで視聴者からの電話を受けつけたり、牧師からの手紙の配信を行っていたり、牧会的な配慮がなされている。たとえ教会に行けなくても、質の高いテレビ礼拝を視聴できることを考えると、各個教会が苦労して礼拝の配信をする必要はないのかも知れない。一方で、日本の教会は信徒と教会との関係が密であり、教会にとっても教会員によるサポートが必要であるために、各個教会における礼拝のオンライン配信が求められる。

ドイツの mi-di の報告書の結論において、今後の課題として述べられているのは、

・対面・オンラインにおける多様で魅力的な礼拝の創造と提供の必要性
・コロナ前からすでに教会・礼拝離れの傾向。その状況を改善するためにコロナ禍によってもたらされたオンライン礼拝を通しての礼拝の革新的な変革
・対面・オンラインによる人と人との出会いの場、新しい牧会の場の創出
・聖餐のオンライン化によって問われた聖餐の意義の神学的な検討
・「必要は発明の母」のよって生まれた新しい試みの検証
・プロテスタントの原則 "Ecclesia semper reformanda est"（教会は常に改革されなければならない）

ということである。今後どのようになっていくかは分からないが、世界的なパンデミックによって教会のあり方、存在意義が問われていることは確かである。ドイツの教会であれ、日本の教会であれ、これまでのあり方の継続だけでは、教会そのものが消えてしまうのではないか。歴史は違うとはいえ、互いの経験を分析し、新しい教会のあり方が模索されなければならない。それは機器やノウハウの問題ではなく、神学、教会論、礼拝論の問題である。

まとめ

座長

荒瀬牧彦

　計７回にわたるオンラインの研究会において発表され、議論されたことから要点を抜き書きしてまとめ、それに私自身の考察を加える形で、共同研究としてのまとめとしたい。

Ⅰ.整理が必要なこと

　インターネットによる礼拝配信を論ずるに際して、次の２点に注意する必要がある。第１に、「オンライン礼拝」と「礼拝オンライン配信」は、異なるものである。（浦上・中道）

　「オンライン礼拝」とは、インターネットでつながれている人々が共に礼拝をささげるという行為であり、司式者や奏楽者や他の奉仕者は礼拝堂（または別の場所）にいるが、ネット回線の向こうにいる会衆に向かって礼拝を導いている。これに対し、「礼拝オンライン配信」とは、一つの場所において対面で礼拝を行っている会衆の姿をオンラインで提供するものである。司式者は、その場に対面で出席している会衆に向かっている。

　以上を区別した上で、配信する教会の意識と配信の受け手の意識が異なることもあるということを認識しておかねばならない。「オンライン礼拝」を受信していても、それをネット上の１コンテンツとして聞き流しているなら、それは礼拝行為ではない。反対に「礼拝オンライン配信」の提供を受けているのであっても、そこへ真剣

に参与しているならそれはまさに礼拝であろう。

　また、教派・教会による理解の相違が存在することもわきまえて
おく必要がある。「オンライン礼拝」は礼拝出席であると判断する
教派・教会もある一方、リアルな礼拝出席と同じには扱わない教
派・教会もある。たとえばカトリック教会においては、ミサの映像
配信を積極的に行い、それによる霊的聖体拝領（霊的陪餐）の意義
を重んじているが、それは「ミサに与る」ことと同じではない。つ
まり、ミサのオンライン配信はあるが、オンライン・ミサは存在し
ない。

　第2点として、「オンライン礼拝」にも「礼拝オンライン配信」
にも、配信側におけるライブ放映と録画放映があり、また、受信側
におけるライブストリーミング視聴と録画プログラムのオンデマン
ド視聴がある。

　従来の礼拝理解においては、同時性を持つライブとそれを欠く録
画とでは、質的に異なるものであり、特に受信側におけるオンデマ
ンド視聴は、空間のみならず「同じ時間を共有する」性質を失って
しまっているため、真の礼拝とはいえない、という見解が主流であ
ったと考えられる。しかし、コロナ禍の現実の中での神学的省察か
ら、より本質的なことは参加の姿勢にあるのであって、同時性の有
無を決定的な要素としない考え方が登場している。（浦上ほか）

　録画を通してでも関わりの深さによって、それが霊と真理による
共同の礼拝となることがある。逆に、礼拝堂に身を置いてはいるが
他の礼拝者と切断されていることもあり得る。同時性が必須か否か
の議論は、より深い次元での礼拝本質論の契機となり得る。

Ⅱ. 露わになった教会の課題

　コロナ禍を経験する前には思いもつかなかったことであるが、一つの感染症拡大という事態を経て、隠れていた教会自身の諸問題がはっきりと浮上してきた。

　コロナ禍が襲って以来、教会は見えるかたちとしての信仰共同体のつながりを紙や映像といった媒体を用いてなんとか保とうと努めた。それは教会の重要な価値である「交わり」を求めてのことであった。交わりの新しいかたちを見出す努力は、これまで個々人の抱えていた「教会に通えなくなる時がくる」という課題が、全体の課題となったことと言える。「行きたくても行けない」人の課題は、教会全体の課題ではなかったということである。（仲程）

　礼拝オンライン配信開始を最も喜んだのは誰だったか。教会が「礼拝の外に置き去り」にしてきた人たちである。一定の時間に一定の場所に集うのが無理な人たちのことを考慮していなかったのである。オンライン礼拝も、今まで集まれていた人たちが自分たちのために始めたのであって、結果的に、集まれなかった人たちが恩恵を受けたに過ぎない。（吉岡）

　接触を避け、距離を取り、感染者を隔離し、社会復帰に証明を求める社会においてイエスはそれを破って手を伸ばして癒しを行った。人間の尊厳を守るためのイエスの行動は、自分たちに何を求めているか。日本の教会は真剣に自問してきただろうか。（渡邊）

　子どもたちや若い人の信仰教育は教会の重要な使命であり、カトリック教会はそれを熱心に行ってきたが、地方の教会においては信仰教育を担うカテキスタ・リーダーの確保は難しい問題である。それがコロナになって一層難しくなっている。社会の変化の中で、今までとは異なる新しい方法にも取り組まなければならない。（片岡）

緊急対応として始められた礼拝オンライン配信が、2年以上継続して常態化し、これまでの礼拝論が宙に浮いたものとなってしまう事態に直面している。礼拝生活を支えてきたパイエティの変化が否応なく進みつつある。実はすでに形骸化し硬直化していた古いパイエティのメッキが、コロナ禍の直撃を受けて剝げ落ちつつある。「聖日厳守」のパイエティは教会生活を支える力を失っている。これは好機ととらえられる。しかし問題は、過去の時代を支えてきたパイエティに代わる生命力のあるパイエティが生み出されるかということである。（中道）

　越川氏によるアンケート分析において紹介されている信徒からの言葉にも、これらの発見に呼応するものがいくつもあり、また教職者とは異なる見地からの貴重な発見の証言がある。

　これらの発見に共通しているのは、教会の中で、また社会において自分の身体や時間について自由がきく人間というのはすでに優位性を持っており、その優位性ゆえに、自分たちの「当たり前」を共有できない人たちが存在するということが見えていなかった、ということである。しかし今、露わにされたことをしっかりと見つめる時が到来している。

<u>Ⅲ．必要なこと</u>

　研究委員たちがそれぞれの現場において感じている「必要」は次のようなものである。

　感染が収束して再び教会に集えるようになった時、オンラインでしかつながることのできない人たちをどう受け止めるのかを考えねばならない。（浦上）

　教会はこれまで建物としての教会に人を招き、そこで出会い、関

係性を築いていくことを宣教の重要な部分としてきたが、その形が変わりつつある。それを「挑戦」として受け止めているだろうか。一方で、今までやってきたことが本当に福音を伝えることであったかを問い直さねばならない。他方で、オンライン化によって人を容易に礼拝へと招き入れることがある意味できるようになったが、それが信仰を商品化し、ただ消費されるものにならないかも考えねばならない。一人ひとりが、自らの福音を伝える働きをよく考えるように問われている。(仲程)

「集まること、心と声を合わせること、そのライブ感と息遣い」に礼拝の本質があるという思考が、この2年の経験によって変化している。同時性のとらえ直しが必要だ。(討論より)

一定の時間・空間に集えることを大前提と考えていたが、それが叶わない人たちがいる。オンライン配信で礼拝の喜びを味わえた人たちがいるという現実を無視したところで成り立つ神学でよいのか。我々にはその喜びを真に教会の喜びとしていくための新しい神学が必要だ。(吉岡)

オンライン配信を通して礼拝に参加することを真剣に考える時、求められるのは、一方ではパソコンやスマホを介して礼拝に参加する人たちの霊的な姿勢であり、他方では、配信環境や配信の質（参加を助けるためにどれだけ心配りできているか）という配信者の側の姿勢である。(吉岡)

礼拝は礼拝者各人がなしているノエシス的行為が折り合わさって、そこに聖霊の導きというメタノエシス的機能が働く時、「あいだ」が息づき、共にある礼拝が生起する。礼拝は、聖霊によって他者と共にある経験である。ノエシス的行為をなすオンライン礼拝参加者同士はいかに聖霊によるメタノエシスを経験できるか。これが追求すべき課題である。(中道)

疫病はすべての人を一律に襲った災禍ではない。危機にも社会の中にある格差が反映する。誰が最も困窮しているのか。どこに教会の使命があるのか。それをよく見定める必要がある。（渡邊）

　取り組み始めたのはオンライン教会学校、オンライン・セミナーである。カトリックの教会学校で教材として広く用いられている『週刊こじか』と連動してのオンライン教会学校は急速に広まった。しかし、それをにかかる労力は多大であり、一人の努力でそれを長く続けていくことには限界があった。小学2、3年生の「初聖体クラス」は、指導者不足と、教会に集まりにくい家庭のあることが課題であったので、自宅で視聴して初聖体を受ける学びができる動画と教材を作ったところ、他の教会でも歓迎された。オンライン・セミナーのニーズは高い。（片岡）

　オンライン礼拝は真の礼拝かという議論は、礼拝は神の国のバーチャル・リアリティだという気付きをもたらす。これまで我々がささげてきた礼拝そのものが最終的な目標ではなく、礼拝が目指すのは神の国のリアリティである。これはオンライン礼拝を支持する議論になるが、他方、「貧弱なメディアに満足する」ことで人の感性が麻痺し、神の国のリアリティも貧弱化されるという危険もある。配信の質と共に、内容の質をこれまで以上に熱心に追い求めていかねばならない。（中道）

　どれも重要な指摘である。これらの「必要」には一時的なものではない永続性、普遍性がある。しかし、「喉元過ぎれば熱さを忘れる」というように、コロナ禍が過ぎたらこれらの問いを根本的に考えていく熱意が失せていってしまうという怖れがある。コロナ禍が完全に収束する前に、それぞれが自分の教会や教区、教派、学校などにおいて「礼拝に真に必要なものは何か」、「交わりとは何か」、「社会での教会の使命は何か」を討論する機会を持つこと、それを

反映した5年とか10年のアクション・プランを立てること、およびそれを時々見直すために何らかのドキュメントにまとめることを提案したい。

Ⅳ. 見えかけている可能性

　我々の共同研究の目的として当初から願っていたのは、日本の諸教会のための可能性の提示であった。以下の発言のうちから、何かヒントになるものを拾い出していただければ幸いである。

　教会の営みを「共同」の経験ととらえる感覚が大きく変わってきている。それを肯定的に受け止める時、今までにはなかった新しい可能性が開けてくる。これは過去の教会が新しい地平を切り開いてきたことにも見られるものだ。16世紀の宗教改革が印刷技術を大きな力としたこと、20世紀の大規模な礼拝や集会がPA機器によって可能となったこと、など。新しい技術を恐れず取り入れていく姿勢が大切だ。(浦上)

　我々は今、教会を考える機会を与えられている。それは伝統や因習から解き放たれ、動いていなかった心と身体を動かす機会であり、これまでの枠を超えた出会いと交わりを得ていく好機である。教会のかたちは一つではない。これからの教会のかたちを作っていくのは我々である。(仲程)

　インターネット技術は前からあったがパンデミックに至るまでそれを活かそうとはしなかった。同じことが他の領域でもあるに違いない。眠っている宝は我々自身だ。(吉岡)

　初期教会は、疫病の災いに対して怯まず、病者を看護し、また死を恐れない信仰のゆえに死への備えを提供することができた。キリスト教にはそのような世がタブー視しかできないものに積極的に立

ち向かう力がある。感染症の恐怖に世界がとらわれる時こそ、イエスが非接触の壁を打ち破ったことに注目し、病める者、家族を失った者、生活に困窮を来している者に具体的に仕えていくべきだ。それにより、福音の真価を現わし、人々からの信頼を得る可能性がある。（渡邊）

　地方の教会では著しく高齢化や信徒減少が進んでおり、セミナーや勉強会を単独の教会で開くことは難しくなっている。地区で共同してといっても諸教会は離れて散在している。オンラインの信仰教育プログラムには、こうした地方教会の弱点を補う可能性がある。対象や目的によって配信の形や表現を上手に使い分けていくことで、教会の育てる責任を果たしていくことができる。（片岡）

　コロナ禍が収束し、コロナ前の教会のあり様に戻ってそこで安堵するなら教会は硬直化してしまう。元に戻ることがゴールではない。教会とは何か、礼拝とは何かを本質的に問い直し、そこから改革していく先にこそ展望がある。（中道）

　渡邊研究委員からの提言は教会にとって非常に厳しいチャレンジである。しかし、社会とまったく同化してしまう教会の問題を鋭く衝くものと言える。「いのちを守るために」という理由をもって早々に会堂を閉鎖し、一切出入りできなくした教会は多い。しかしそのために集会場所を失ったある依存症当事者のミーティングは、感染症によるのではない生命の危機に直面したという話を聞いた。そこに集う人々の「いのちを守るために」何か特別な手段は取れなかっただろうか。もしそのような発想が今回の経験を機に生まれたとしたら、それは教会の可能性を拓くものとなるだろう（140〜144頁、補論2を参照）。

V. 霊的陪餐とオンライン聖餐をめぐって

　聖餐（聖体）という聖礼典（秘跡）が祝えないという事態から生じた二つのこと、霊的陪餐の再発見、および、オンライン聖餐の可能性について記しておきたい。前者については、共同研究の発表に取り込めなかった部分をここで補うこととする。

　2020年3月20日のカトリック教会東京大教区ウェブサイトの「お知らせ」のページは、菊池功大司教の「司教の日記」のメッセージを転載する仕方で、霊的聖体拝領の意義を信徒に伝えた（46頁、片岡義博委員研究発表の脚注3を参照）。ミサといういわば教会の生命線を公開できないという痛手の中、カトリック教会が伝統的に教えてきた霊的聖体拝領に光を当て、「現存されるキリストとの一致を求めながら霊的に聖体を拝領すること」にある力を信徒に教えたことは、危機における対処として注目に値する。

　プロテスタントにおいても、「霊的陪餐」を積極的に用いる教会が見られた。一つの例として、日本基督教団東京教区の西新井教会が、2020年4月8日に信徒に向けて送った「主日の家庭礼拝の手引き」を紹介したい。この手引きの冒頭で林牧人牧師は、主日礼拝は「中止」されることはなく、牧師によって守られ続けているが、「公開を中止」（出席自粛）していることを告げ、「礼拝に集まることができないことに真実に向き合い、それぞれ遣わされている場で礼拝に留まり続けましょう」と呼びかける。この手引きにおいて、霊的陪餐については以下のように説明されている。「教会に集うことができない時、霊的陪餐をすることができる。困難なとき、霊的陪餐は主が共にいますことを悟らせ非常な力と慰めとを与える。主日の家庭礼拝の中で、陪餐の準備をなし、礼拝に出席している心で備

える。」この説明に続く式文のうち、最初の＜祈り＞および＜霊的陪餐＞の部分を以下に紹介する。

＜祈り＞

わたしたちの主よ、わたし（わたしたち）は今、祭壇の聖なる礼典にて主を拝み、主の尊き御からだと御血とを受けることはできませんが、主のからだなる聖なる公同の教会において感謝と讃美の犠牲をささげるすべての信徒と心を合わせ、慈しみと赦しと祝福を与えてくださるよう祈ります。どうか、信仰と希望と愛とをわたしの心に満たし、主の神殿において犠牲に連なることのできない罪人である僕をかえりみ、恵みによって、今から後、常に主の誉れと栄光のために生きることができるようにしてください。父と聖霊と共に世々に生き支配される主イエス・キリストによって祈ります。アーメン

＜霊的陪餐＞

　　　　　しばらく黙とうしてから言う

これは、わたしたちのためにさかれた主イエス・キリストのからだです。

　　　　　霊的にキリストの御からだを受け、黙禱してから言う

これは、わたしたちのために流された主イエス・キリストの血潮です。

　　　　　霊的にキリストの御血を受け、黙禱してから言う

なお、この式文の末尾は、霊的陪餐は聖餐に与ることに完全に代わるものではないと断った上で、バビロン捕囚の民がエルサレム神殿を涙のうちに想起し生ける主の御業を平常時以上に体験したように、今の厳しい状況の中で「主が共におられる」恵みを味わいつつ、再び集められる日を待とうという呼びかけで結ばれている。

　パンと杯のない霊的陪餐という範囲を越え、信徒が自宅で自分（家族）用のパンと杯を用意し、リモートで配餐に与るという「オンライン聖餐」も、我々の考察の対象となった。日本においてどれぐらい行われているかは把握できていないが、他の国々を見るとオンライン聖餐はかなり行われているようである。私の友人・知人が牧会しているいくつかの教派の礼拝をオンライン視聴した中でも、早い段階からこれを実施している例が見られた。

　また、私が教えている神学校が 2021 年 10 月の修養会で、フィリピンのシリマン大学神学部との Zoom による交流プログラムを持った際、フィリピン合同キリスト教会の多くの教会でオンライン聖餐が広く行われていることが紹介された。教会会議としての何らかの決定はあったのか、実施前にどれぐらい神学的検討がなされたのか、実施後に問題とされたことはなかったのかという質問をしたところ、問題視する声は上がっていないとのことであった。牧会的にそれが必要とされており、行うことにためらいはないという応答が印象的であった。これは礼拝の歴史の中で多く起こってきたように、現場における必要性が先行して礼拝習慣の中に新しいパターンが起こり、後から神学的根拠付けがなされていく、という例なのかもしれない。そうであるにしても、神学的検討はこれからなされていくべきであろう。

　我々の共同研究において、教派や神学による考え方の違いが最もはっきりと出たのは、この問題をめぐってであったように思う。元々の聖餐理解の違いや、聖餐を祝う頻度の違い、礼拝者のパイエティ形成におけるこのサクラメントの占める割合の違いがあるので、これは当然のことと言える。

　そのような中、吉岡研究委員から次のようなチャレンジがなされた。―――聖餐において、共通して認められるのは「イエスがその

場に共にいる」ということである。その中心点において、聖餐はすでに「時空を超えた儀式」であり、時空を超えてイエスの主催なさる食事に2千年間教会は与り続けてきた。この理解をオンライン聖餐にも適用できるのではないか。

　この問題提起を受けて、我々は主イエスが「わたしの記念としてこのように行いなさい」と言われたのはいかなる意味で「このように」であるかをそれぞれに再考することになった。その中では、世の中で「オン飲み」（ネットでの飲み会）が求められ、楽しまれていることから考えれば、飲食を共にする交わりというのは意外と拡張性があるものではないか、といった話も出た。

　オンライン聖餐の是非について一つの正解を皆で共有できた、というわけではまったくない。しかし、考える必要もないと思っていたオンラインで食事を共にするという事柄が突然身近に迫ってきたことによって、「主イエスが招く食卓とはどのようなものであるか」という根本から考えるプラクティスを求められたのは確かである。吉岡委員が強調したように、ネットという手段がなければ聖餐につながる可能性がまったくないという人たちが存在し、現に霊的に養われている人がいる、という現実を知らされたからである。結論がそれぞれどのようなものになるにせよ、この霊的な思考のプラクティスは、どのような教会に属している者にとっても有益であり、聖餐をより豊かな霊の糧としていくであろう。

補論1　礼拝の「共に」を考え直す

　以下は、共同研究の場に提供されたものではない。座長であったために研究発表としては語れなかった私自身の考察のうち、二つのことを補論として加えさせていただきたい。その一つは、Ⅲの

項で言及されている、礼拝を「共に」ささげるとはどういうことか
の再考を迫る議論を受け、それへの応答として考えたことである。

　礼拝と賛美歌・聖歌を主たる関心領域としてきた私にとって、
「共に礼拝する」とは同じ場所・同じ時間・同じ空気の振動・同じ
匂いを共有する中で起こること、というのは大前提であり続けてき
た。もちろん、これらを共有するためには礼拝者に条件が課せられ
るわけであり、一定の不便を受容しなければならない。しかし「共
有」のためには引き受けるべき不便である。

　以前アメリカのケンタッキーで、「1800 年の大リバイバル 200
周年」に行われた、記念礼拝に参加した時のことを思い出す。かつ
てキャンプ・ミーティングが行われた野原での再現礼拝であった
が、集会運営上の都合から聖餐はその場で執り行わず、一定の時間
帯に三々五々、小さな礼拝堂へ入ってそこに待機している牧師から
パンと杯を受けるよう指示された。人数が多く大変であったという
のはわかるが、プログラム優先の便宜主義に、失望を禁じえなかっ
た。リバイバル集会の再現礼拝が感動的なものであっただけに、そ
のクライマックスである聖なる食事がファストフード・チェーンの
ドライブスルーのようであったのは、聖餐の価値をひどく貶める行
為であると感じた。パウロがコリント教会の人々に「ふさわしくな
い」ままでのパンと杯の飲食を戒めた時、「互いに待ち合わせなさ
い」（1 コリント 11：33）と命じたことには少なからぬ意味がある。
自分の利便性に合わせて礼拝を「オンデマンド化する」ことには礼
拝を空洞化する危険が存するのである。

　そのことを十分強調した上で、しかし、それと異なることも認め
なければならない。共に礼拝することへの切なる求めと祈りがあ
り、熱意と献身がある時、物理的距離や時間の違いを超えて、礼拝
共同体に真に参与して、霊と真理をもって礼拝を共にささげるとい

うことが生起する。それがコロナ禍にあって多くの者が得た経験であった。我々の礼拝は、時空を超え得る。礼拝の神学的理解はこの経験によって一歩先に進められつつある。いや、進められなければならない。

イエスはある所では体に触れることによって神の国の現臨を現わされたが、別の所では、「ただお言葉をください」と願った百人隊長に応えて、言葉によるリモート・ワークで彼の部下に癒しをもたらされた（マタイ 8:5 ～ 13 ほか）。そもそも、主の晩餐とは時空を超えて主がホストである食卓を囲むことである。それはまた、天地の次元を超えて天の聖徒たちと祝宴に連なることでもある。それは一定の手続きによって機械的に発生するという超越性ではなく、神の恵みを人間が真実に受け止めるところで起こるものである。

一方において同じ場と時と空気を共有することを譲れない価値として、そこに固着し続ける。もう一方で、その同時性を熱望するところで恵みとして与えられる時空を超越した一体性を擁護し、礼拝の輪を広げることに挑戦していく。この二つの緊張関係の中に、霊と真理による我々の礼拝は立っているのである。これからの礼拝学は、オンライン礼拝やオンライン礼拝者の存在を無視したり軽視したりすることはできない。それは同時に、礼拝儀礼における陳腐化という問題により深くメスを入れていく契機ともなるであろう。

補論 2 「異なる視点」を持つ共同体として

この補論は、「イエスは手を伸ばし、非接触の壁を打ち破って癒しを行われた」ことから教会の宣教の問い直しを迫る議論に触発され、私が今考えていることである。

Ⅳの項の終わりで短く触れた事例（134 頁）は、このようなこと

であった。ある依存症の人たちの自助グループに、教会が会堂を提供していた。そのグループにとって、交通の便も良く、心理的にも安心して集える環境であるその場所が使えるのは非常に助かることであった。他にもこのような形での自助グループへの協力をしている教会は多いだろう。教職者・聖職者が関わっている例も少なくない。地味な働きであるが、これは教会が社会の中で果たしている重要な役割である。しかし、感染拡大の中で、教会役員会は「会堂閉鎖」を決定する。礼拝・諸集会に集うことを停止した以上、外部団体への貸し出しも停止するというのは当然のことであろう。特に、国内外で一部のキリスト教会でクラスターが発生したという事例が報道されていたこともあり、キリスト教会が「生命を守るための努力を優先する」姿勢を取ったのは妥当な判断とされるところであろう。

　その場面で自分が判断をくだす当事者となったと仮定して考えてみたい。会堂封鎖を決定したことで当面の責任を果たし終えたと思ってよいだろうか。教会には「異なる視点」を持つ共同体としての存在価値があるということを、合わせて考える必要があるのではないか。「異なる視点」を作り出すものは何かといえば、神に創造されたがゆえにすべての者が与えられている尊厳を重んじ、人間の尊厳を守るための最大限の努力をするという「尊厳の視点」である。イエスはその伝道の始めにおいて、巻物からイザヤの預言（イザヤ61:1〜2）を読み上げ、「この聖書の言葉は、今日、あなたがたが耳にしたとき、実現した」と語られた（ルカ 4:16〜19）。それは、捕らわれている人に解放、目の見えない人に視力の回復、圧迫されている人に自由を与えるために自分は遣わされたのだという使命の明言であり、損なわれてきた尊厳が神の国の到来において回復されるという宣言である。

「異なる視点」から、小さな自助グループの場所喪失という問題を考えたらどうか。オンライン・ミーティングを代替手段とすることは難しい。仲間と顔と顔を合わせて語り合う必要度は高い。「三密（密閉空間・密集場所・密接場面）」は避けなければならないが、その分余計に、心のつながりにおける密の求めは強くなるのである。数カ月間（あるいはそれ以上）にわたって会合が持てないことは、依存への逆戻りという、コロナとは別の生命の危機をもたらすとさえ言えるのではないか。コロナ感染対策だけでは命を守っているとは言えない。人間の精神的霊的な脆弱さをも含めて、生命を守る使命を果たしていくべきではないか。人間をトータルに考える視点を、教会こそ保持すべきではないか。

　特に、感染症のような事態にあっては、人の心は不安に駆られやすい。社会全体が不安と恐怖の色に染められていく中では、病を「汚れ」とし、感染者を「危険」存在と感じる肌感覚も強まる。世の空気において、危険な排除は遠ざけようとする勢いが強まっていく。その中では、不安要素を少しでも含むような行動を取ることは危険視され、そこにストップがかかる。何らかの行動しようという思考も停止されてしまう。

　たとえば、尊厳を守るという視点から誰かが自助グループの会場利用のための特別措置ということを提案したら、それを危険で乱暴な行為だと批判する強い意見が出るだろう。しかし、そのような時こそ、「異なる視点」を持つ共同体としての教会のありようを想起すべきではないか。

　世の中では、ある一面における「安全」の確保に流れが一気に集中していくようなことが起こる。そのような局面では、思考の単純化が起こる。丁寧な対応をするための煩雑さが厭われ、「やむを得ない」と切り捨てられる事柄が増える。ある人たちの尊厳が犠牲

にされるが、それは「仕方がない」と不問にされる。社会の圧倒的な流れの中で後回しにされても何も言えず、涙する人たちが残される。そのような時、教会はどう考え、どう振る舞うのか。

「喜ぶ人と共に喜び、泣く人と共に泣きなさい」（ローマ 12：15）とパウロは言う。見せかけの同情で済ませるのでなく、泣いている人の涙の理由を共有して共に痛むためには、「間」が必要だ。時間を共有し、空間を共有し、仲間となることだ。その「間」において、神からの「恐れるな」を伝えるのが教会である。「ソーシャル・ディスタンス保持」という感染症対策は、ディスタンスを遮断するための距離ととらえる。そしてその遮断のための物理的距離は、人間関係の距離を広げることにも波及する傾向を帯びる。

ユダヤの律法社会において皮膚病感染者に起こっていたのもまさにそれだった。イエスはどうされたのか。自己防衛のための遮断に人々が駆られ、ある人々が切り捨てられるような場に分け入り、社会の流れをせき止めるようにして立ち、「間」を聖霊の働きによって人と人とがつながれる場とされたのではないか。そのイエスに従う共同体である教会は、共に生きるための「間」をつくり、聖霊の働きを受けることのできる「間」を守っていく使命がある。

マタイによる福音書 25：31 以下の「羊と山羊を分ける」イエスのたとえは、キリスト教が大事にしてきた教えである。「飢えていたときに食べさせ、のどが渇いていたときに飲ませ、旅をしていた時に宿を貸し、裸のときに着せ、病気のときに見舞い、牢にいたときに訪ねて」という行為は、頭や心の中の無菌室においては純粋に良いことであり、問題なく賞賛されることである。しかし、これを感染下の状況の中に置いてみるとどうだろう。不安と怖れと偏見が渦巻く社会で、困窮している人に連帯する行動を取るのは容易なことではない。当然、ストップはかかるだろう。しかし、それでも何

とかしなければと、注意深さと粘り強さを両方もって、実行への道を探っていかねばならない。

　「感染対策のために」という理由で、礼拝においても宣教においても、私たちは多くのことをカットしてきた。整理できて良かったということがたくさんある。実は必要ではないものに、長く縛られてきたのだと思えることも多かった。しかし、単に楽をしたいという隠れた動機から、本当は必要なものさえ「休止」「廃止」で済ませてしまっていることもあるのではないか。神が私たちを、「何とかしなければ」という課題の前に置かれている時、私たちは困難な状況の中でも実行への道を探り続ける。その時、自分たちの能力や資源からではなく神から与えられる可能性として、コロナ後の教会の可能性が現われてくるだろう。

【執筆者一覧】

荒瀬牧彦 （あらせ・まきひこ）

横浜市出身。上智大学法学部卒業、東京神学大学修士課程修了。カンバーランド長老教会田園教会（相模原市）牧師、日本聖書神学校教授。賛美歌工房代表、『礼拝と音楽』編集委員。
【著訳書】『イースターへの旅路』（編、キリスト新聞社）、『そうか！なるほど!!キリスト教』（監修、日本基督教団出版局）、ポール・ブラッドショー『初期キリスト教の礼拝』（訳、日本基督教団出版局）他。

浦上　充 （うらかみ・みちる）

1984年愛媛県宇和島市生まれ。関西学院大学神学部、同大学大学院前期課程修了、後期課程単位取得退学。2011年、日本基督教団正教師按手。2009年より福井・城之橋教会牧師、城之橋幼稚園園長を経て、現在、東中野教会牧師。日本基督教団讃美歌委員会委員。
【著書】『信仰生活ガイド　使徒信条』（共著）、『礼拝と音楽』（日本キリスト教団出版局）などで連載。

仲程愛美 （なかほど・まなみ）

1985年神奈川生まれ。同志社大学神学研究科博士課程前期課程修了。日本基督教団弓町本郷教会を経て、2014年より日本基督教団石橋教会主任担任教師に就任。同志社大学キリスト教文化センター非常勤スタッフ。大阪女学院中学・高等学校聖書科非常勤講師。

吉岡恵生 （よしおか・やすたか）

1985年、神奈川県出身。同志社大学神学部卒業。同志社大学大学院神学研究科博士課程前期課程修了。日本基督教団霊南坂教会、アメリカ合同教会シカモア組合教会を経て、2020年より日本基督教団高槻日吉台教会主任担任教師に就任。同志社女子中学・高等学校、梅花中学・高等学校聖書科非常勤講師。
【著書】『立ち上がれ！- 神の恵みに生きるために』（2016年、キリスト新聞社）、共著『新版・教会暦による説教集　イースターへの旅路 レントからイースターへ』（2021年、キリスト新聞社）。

片岡義博 （かたおか・よしひろ）

1982年名古屋生まれ。カトリック名古屋教区司祭。日本カトリック神学院卒業。2015年司祭叙階。カトリック一宮教会（愛知県）、カトリック富山地区の共同宣教司牧を経て、2021年よりカトリック石川地区の共同宣教司牧担当として、石川県内の8つの教会を共同司牧。

渡邊さゆり （わたなべ・さゆり）

大阪府出身。関西学院大学神学部博士課程後期課程満期単位取得退学。日本バプテスト同盟曽根キリスト教会牧師を経、日本バプテスト神学校教務主任。現在、日本バプテスト同盟駒込平和教会牧師、マイノリティ宣教センター共同主事、アトゥトゥミャンマー支援共同代表。
【著訳書】『キリスト教の教師 聖書と現場から』（共著、新教出版社）、『新版・教会暦による説教集 イースターへの旅路　レントからイースターへ』（共著　キリスト新聞社）、『ニューセンチュリーバイブル注解　哀歌』（訳著　日本キリスト教団出版局）、ほか。

越川弘英（こしかわ・ひろひで）

1958 年、東京に生まれる。同志社大学神学部修士課程修了。シカゴ神学校修了。日本基督教団牧師。中目黒教会伝道師・副牧師、巣鴨ときわ教会牧師を経て、現在、同志社大学キリスト教文化センター教員（教授）。
【著書】『今、礼拝を考える』（キリスト新聞社）、『信仰生活の手引き　礼拝』（日本基督教団出版局）、ほか。

中道基夫（なかみち・もとお）

1960 年、明石市出身。関西学院大学神学部、1984 年同大学院博士課程前期課程修了。1999 年から 2000 年までハイデルベルク大学神学部留学。2011 年ハイデルベルク大学神学部神学博士号取得。
1984 年より神戸栄光教会伝道師、1987 年より福井・城之橋教会牧師・城之橋幼稚園園長を務めた後、1993 年から 1999 年までドイツ・ヴュルテンベルク州教会宣教協力牧師として働く。2000 年より関西学院大学神学部で実践神学担当、現在教授。2022 年より関西学院院長。
【著書】『現代ドイツ教会事情』（キリスト新聞社）、『天国での再会　キリスト教葬儀式文のインカルチュレーション』（日本キリスト教団出版局）、その他。

日本クリスチャン・アカデミー共同研究

コロナ後の教会の可能性——危機下で問い直す教会・礼拝・宣教

2023年3月20日　第1版第1刷発行　　　　　　　　　　　　©2023

編者　荒瀬牧彦

著者　荒瀬牧彦、浦上充、仲程愛美、吉岡恵生
片岡義博、渡邊さゆり、越川弘英、中道基夫

発行所　株式会社 キリスト新聞社

〒162-0814　東京都新宿区新小川町9-1
電話 03-5579-2432
FAX03-5579-2433
URL. http://www.kirishin.com
E-Mail. support@kirishin.com
印刷所　光陽メディア

ISBN978-4-87395-816-3　C0016（日キ販）　　　　Printed in Japan